AF555624

DEFFENSE

DES

SERMONS

FAITS PAR LE R. P. MAIMBOVRG

IESUITE,

CONTRE LA TRADVCTION
du Nouveau Testament imprimée à Mons.

PAR L. D. S. F. THEOLOGIEN.

A PARIS,
De l'Imprimerie de FRANÇOIS MUGUET, ruë de la Harpe.

M. DC. LXVIII.

PREFACE.

COMME il n'y a rien qui abonde plus en paroles que le mensonge, & qu'il s'en sert ordinairement pour se déguiser : aussi ne doit-on pas s'étonner de cette malheureuse facilité qu'ont les Novateurs à multiplier les disputes & les écrits. C'est dans l'embarras qu'ils se sauvent. S'ils marchoient par des chemins découverts, s'ils suivoient les grandes routes, ils seroient aussi-tost defaits que reconnus. Tout leur artifice consiste à donner continuellement le change. Jamais ils ne sont au fait de la question. Quand ils manquent de raisons ils ont recours aux injures & aux invectives. Ils font paroistre des phantômes, pour effrayer ceux qui seroient invincibles s'ils n'avoient que des hommes à combattre. Les falsifications & les impostures, les libelles diffamatoires & les satyres ridicules, les brigues & les cabales, les surprises & les artifices, les flatteries & les menaces, la soûmission feinte & la rebellion ouverte, le vray & le faux, le solide & l'apparent, sont pour eux de justes armes qu'ils employent diversement, & à mesure qu'ils en ont besoin, selon la diversité des lieux & des temps, des occasions & des personnes. Tout est legitime à des gens qui se sont mis au dessus de de toutes les loix. Tout est permis à ceux qui ne reconnoissent plus d'autorité qui les arreste.

Cette methode si injuste & si deraisonnable est pourtant celle de Messieurs de Port-Royal. Dans les commencemens de leur party, il n'y avoit rien de plus humble ni de plus soûmis à l'autorité du saint Siege & des Evesques. Ce n'étoit que par des protestations de respect, & d'obeïssance envers les Princes de l'Eglise, qu'ils commençoient, & qu'ils finissoient tous leurs ouvrages. Il n'y avoit point de censure qu'ils ne fussent prests de subir, point d'engagemens qu'ils ne fussent en termes de rompre, point de prejugé ni de raison qu'ils ne fussent resolus d'abandonner, pour témoigner à toute la terre l'attachement qu'ils avoient à l'ordre que Dieu a estably dans son Eglise. Le jugement de Rome devoit terminer toutes leurs querelles, & leur faire poser les armes dans la plus grande chaleur du combat. Ils ont fait des livres entiers pour maintenir la dignité & la puissance des Prelats, contre les attentats imaginaires des compagnies Religieuses.

Mais aujourd'huy que l'oracle a foudroyé leur doctrine, & que les Prelats ayant découvert leur pernicieux dessein, se sont unis par un consentement si general à leur chef pour les condamner; Ces loups déguisez ont fait paroistre au dehors ce qu'ils cachoient avec tant de dissimulation au dedans; & ils ont foulé aux pieds le caractere & l'autorité qu'ils faisoient semblant de défendre. Ce ne sont plus des agneaux qui se laissent conduire par des Pasteurs que Dieu leur avoit donnez; ce sont des Lyons furieux, & des Tygres impitoyables qui se jettent cruellement, & sur les Pasteurs, & sur les brebis, qui osent leur faire quelque resistance. Ni les Diademes ni les Tiares, ni les Sceptres, ni les Crosses ne leur sont plus inviolables. Leurs libelles comme des serpens de feu volent de toutes parts, & piquent mortellement les grands & les petits, les Princes & les sujets, les personnes publiques & les personnes privées, les Ecclesiastiques & les Laïcs, les Religieux & les Seculiers, & pour comble de desordre apres avoir causé des maux incroyables à l'Eglise de Dieu & à ses enfans, ils en font encore attendre de plus grands, si Dieu par sa bonté n'arreste le cours de leurs violences, & ne détourne l'effet de leurs cruelles & insolentes menaces.

L'Apologiste des Traducteurs de Mons instruit dans la mesme Echole, a fidelement suivi les leçons & l'exemple de ses maistres. Comme ceux-cy dans la traduction du Nouveau Testament ont corrompu & falsifié le texte de l'Ecriture. Celuy-là s'est aussi avisé de changer & de déguiser

guiser ce qu'on avoit produit contre eux en les accusant. Ce n'est plus ce Pere Maimbourg qui les avoit si fortement & si vivement attaquez. C'est un phantosme qu'on a fait à plaisir, pour avoir la gloire de le combattre & de le défaire. Cet Ecrivain a supprimé ce que ce celebre Predicateur avoit allegué de plus fort & de plus considerable contre leur Traduction, en luy faisant dire cent choses à quoy il n'a jamais pensé. Ce qu'il y a de rare, est qu'il luy fait dire ces choses d'une maniere si stupide & si grossiere, qu'il ne faut que cela pour faire voir son imposture. Car pour peu que l'on ait oüi ce Pere qu'on entend si souvent dans les meilleures chaires de France; on est persüadé que ce n'est pas là sa maniere, & qu'on fait parler un autre pour luy : Mais il a plû à ce galant homme de s'en faire par une bizarre metamorphose un si foible adversaire, afin de s'asseurer de la victoire. Et apres avoir donné en suite une belle & longue carriere à ses propres imaginations, il n'a remply ses écrits que d'invectives, & de lieux communs, de questions vagues, & de citations inutiles sur un sujet dont il ne s'agit point du tout.

Pour détruire toutes ses calomnies, pour déconcerter tous ses artifices, on a jugé qu'il ne faloit point employer d'autres armes, que celles de la verité toute seule sans le secours de l'art. On a crû qu'il suffisoit de representer fidelement l'accusation de ce sçavant Predicateur contre la Traduction de Mons, & d'en faire voir les principaux chefs en abregé, pour aneantir tout ce grand amas d'écris, qui la laissent dans toute sa force & sans réponse. Toutes les personnes d'honneur & de merite qui l'ont entenduë sont fortement persuadées, qu'une heresie naissante est suffisamment refutée quand elle est bien découverte : & qu'une accusation de cette importance se soûtient assez d'elle-mesme, quand ceux qui sont accusez n'y répondent que par des injures, ou par des choses qui n'ont aucun rapport avec celles dont ils estoient obligez de se justifier. Mais parce qu'on a répandu liberalement ces feüilles volantes par toute la France, qu'on les a distribuées à la Cour, & dans les Villes à un grand nombre de personnes qui n'ont point oüi le Predicateur : on a jugé qu'il estoit non seulement de l'honneur d'un Religieux de merite, mais encore de l'interest de la Religion & de l'Eglise, de ne pas souffrir cette licence sans quelque sorte de chastiment.

Il eut esté à souhaitter que le P. M. eut travaillé luy-mesme à cet ouvrage: Car on ne peut douter qu'il n'eut écrit de la mesme force qu'il a parlé dans ses Sermons. Plusieurs de ses amis l'en ont pressé, il s'en est toûjours défendu, répondant agreablement qu'il ne croioit pas qu'un homme qui avoit gagné son procés, dût encore faire un Factum. Mais s'il a eu le pouvoir de resister à nos instances par sa modestie; il n'a pas eu celuy de m'empescher de luy rendre justice, en soûtenant l'accusation qu'il a formée contre les nouveaux Traducteurs, & dont je suis un témoin d'autant plus digne de foy & de creance, que j'ai entendu tous ses Sermons avec toute l'application necessaire pour en bien juger, & pour en parler en suite sincerement.

Il est certain, & je ne veux pas le desavoüer, qu'il a traité ce differend qui estoit entre la bonne foy & l'infidelité, avec tout le zele que demandoit une cause de cette nature. Il est encore vray qu'il a fait tous les efforts d'esprit & de voix, dont un homme de sa force pouvoit estre capable, qu'il n'a rien negligé de ce qui dépendoit de luy pour faire apprehender le mal, & éviter le danger. Ie sçais mesme que tout son déplaisir est encore aujourd'huy, de n'avoir pû se faire entendre dans tous les lieux où cette infidele traduction a trouvé quelque entrée. Il a continué prés de trois mois à en découvrir les erreurs dans la chaire de saint Loüis. Comme ce sujet estoit extraordinaire, cela s'est fait avec un assez grand éclat, mais le bruit & l'éclat ne fut jamais si necessaire qu'en cette occasion, où il s'agissoit de combattre un ennemy, que l'on ne pouvoit repousser, qu'en donnant une chaude & vive alarme à tous les Catholiques, qu'on avoit dessein de surprendre jusques dans le fort du Christianisme. Ce fort est assurement l'Ecriture sainte, puis que c'est elle qui nous tient comme à couvert, & qui nous met en seureté contre les attaques des heretiques, lors que nous nous y tenons fortement attachez, sans permettre qu'on nous la ravisse, ni par force, ni par adresse, soit en la changeant comme faisoit Marcion, soit

Tertull. l. de præsc. c. 38.

en luy donnant un mauvais ſens, comme faiſoit Valentin. Car ce ſont là les deux voyes par où ces ennemis publics de la verité ſe ſont efforcez de nous l'arracher.

Voila ce que feroient encore aujourd'huy Meſſieurs de Port-Royal, s'ils ne trouvoient perſonne qui s'oppoſaſt à leur entrepriſe, & qui mit en evidence les ſecrets de cette pernicieuſe cabale. Un party ſi ſouvent battu, & ſi ſouvent foudroyé, ne pouvant ſe maintenir par la force, & par une juſte guerre, n'avoit plus que la ruſe & l'artifice pour retenir ceux qu'il avoit ſurpris & trompez par de belles apparences. Le plus utile, & tout enſemble le plus dangereux moyen qu'ils ont employé pour y parvenir, eſt ſans doute la traduction de certains ouvrages de devotion, comme ſont quelques vies & quelques livres des ſaints Peres, où ils ont fait couler ſubtilement le venin de leurs maximes, & où l'on peut dire que le ſerpent demeure caché ſous les fleurs. Cet artifice leur ayant aſſez bien reüſſi, & les eſprits eſtant déja gagnez par cette amorce, & doucement diſpoſez à recevoir avec eſtime & avec applaudiſſement toutes les Traductions qui partiroient de leurs mains; ils ont crû qu'il eſtoit temps de mettre au jour celle du Nouveau Teſtament. C'eſt à la verité la derniere qu'ils ont produite, mais on peut dire auſſi que c'eſt la premiere qu'ils ont conçeuë, & que les autres qui l'ont precedées, n'eſtoient du moins dans leurs penſées, & ſelon leur intention que les cadettes & les avant-courieres de celle-cy.

Ils avoient reſolu de renverſer tout l'ordre de l'Egliſe, & d'eſtablir en ſuite ſur ſes ruines une doctrine qu'elle avoit foudroyé, ils ont crû qu'il falloit pour cela qu'ils nous donnaſſent l'écriture de leur main, afin que par les changemens qu'ils y feroient, on y trouvaſt les armes dont ils ſe vouloient ſervir contre nous, en meſme temps qu'ils nous arrachoient celles que l'on employe contre eux.

Je ne ſçaurois mieux m'exprimer en cette rencontre, qu'en diſant d'eux ce que Tertullien a ſi bien dit de leurs Anceſtres. *Illic & ſcripturarum & expoſitionum adulteratio deputanda eſt, ubi diverſitas invenitur doctrinæ.* C'eſt parmy ces Meſſieurs qui enſeignent une doctrine differente de celle de l'Egliſe, qu'on doit s'aſſeurer que l'on trouvera la

Lib. de præſc. c. 38.

corruption de l'Ecriture, soit en elle-mesme, soit dans l'explication qu'on luy donne. *Quibus fuit propositum aliter docendi, eos necessitas coëgit aliter disponendi instrumenta doctrinæ.* Ceux qui avoient un dessein formé d'enseigner autrement que l'Eglise n'enseigne, ont esté contraints d'alterer & de falsifier les instrumens autentiques qui contiennent sa doctrine. *Alias enim non potuissent docere, nisi aliter haberent per quæ docerent hæresim.* Car autrement ils n'eussent pû s'eriger en nouveaux docteurs, s'ils n'eussent eu les Ecritures d'une autre maniere, afin d'establir leur heresie par des Ecritures falsifiées.

Cela paroistra manifestement dans le septiéme Chef de cette accusation, où l'on verra de quel artifice ils se sont servis pour faire revivre le Jansenisme, & dans les passages, & dans les titres, & dans les interpretations.

C'est là & dans tout le reste de cet Ecrit, que l'on peut voir le portrait que ce grand homme a fait de cette heresie, qu'il voyoit dans celles de son temps qui en estoient les vrais originaux. *Ista hæresis non recipit quasdam scripturas, & si quas recipit adjectionibus, & detractionibus, ad dispositionem sui instituti intervertit, & si aliquatenus integras præstat nihilominus diversas expositiones commentata convertit.* Ne puis-je pas luy appliquer justement ces paroles, en disant; cette heresie ne reçoit pas une bonne partie de l'Ecriture, puis qu'elle abandonne si souvent la Vulgate que l'Eglise nous a donnée pour estre nostre regle. Et quand mesme elle fait profession de la suivre, elle sçait la détourner adroitement au sens & à la fin qu'elle se propose, en ajoûtant, en retranchant, & en changeant ce qu'il luy plaist. Je dis plus, quand elle asseure qu'elle nous la donne, elle ne fait rien moins que cela, puis qu'au lieu de l'Ecriture elle nous donne les differentes explications des Interpretes, & leur fait changer de nature, pour en former un nouveau texte.

C'est ce que ces Messieurs se sont donné la liberté de faire, comme il paroistra dans tout cet ouvrage. Ils ont fait une extreme violence à la verité, & l'on peut encore dire
C. 18. d'eux, ce que Tertullien disoit de Marcion. *Manus intulit veritati, exertè, & palam Machærâ, non stylo usus est: quoniam ad materiam suam cædem scripturarum confecit.* Ils se sont servis

vis de l'épée plûtost que de la plume en maniant l'écriture, tant ils y ont fait de degast pour la faire servir à leur dessein. Et afin d'y mieux reüssir, & d'estre plus favorablement receus en nous la donnant plus parfumée & plus fleurie: Ils se sont appliquez particulierement à la traduire avec le plus de politesse qu'ils ont pû, & d'un air qui est beaucoup plus de la Cour que du saint Esprit, pour avoir l'approbation de quelques Dames qui ne se lassent point de dire que c'est la plus belle chose du monde. A quoy un sçavant Docteur répondit, il n'y a pas long-temps, oüi, mais ce n'est pas l'Evangile. Mais ce n'est pas là aussi ce que ces Messieurs se sont proposez. Ils ayment mieux suivre l'exemple de ceux dont parle saint Jerôme, *Qui si aures populi sermone composito mulserint, quidquid dixerint hoc legem Dei putant*, pourveu qu'ils flattent les oreilles de ceux qui sont preoccupez en leur faveur, (quoy que les Sçavans en nostre langue y remarquent beaucoup de fautes) pourveu qu'ils donnent un beau tour à leurs expressions, ils sont persuadez que quoy qu'ils ostent, qu'ils ajoûtent, ou qu'ils changent, ils ne laissent pas de nous donner toûjours la pure parole de Dieu, & la regle de la souveraine verité. Et comme la pluspart du monde se laisse tromper à l'apparence, & qu'on suit ordinairement le nombre & la multitude; nous allions insensiblement recevoir en France le Testament de Jesus-Christ, de la main mesmes de ceux qui n'y ont plus aucune part, puis qu'ils sont toûjours partisans declarez d'une doctrine tant de fois condamnée d'heresie, & qu'ils sont *gens notoirement desobeïssans à l'Eglise*.

In prol. Gal.

Arrest du Conf. d'Etat.

C'est pour cela que le P. M. ayant l'honneur d'estre un des plus anciens Predicateurs de Paris, & de faire l'office d'un chien fidele à Jesus-Christ, soit en défendant sa bergerie contre les attaques des loups, soit en donnant la chasse aux Renards qui font tant de ravage dans sa vigne; il estoit obligé de veiller particulierement en cette rencontre pour éloigner ces dangereuses bestes, & pour donner lieu aux chasseurs de les tirer comme ils ont fait. Ou pour me servir d'une autre comparaison qui est encore tirée de l'Ecriture, puis que la providence de Dieu l'avoit mis pour la cinquiéme fois en faction, & comme en

Capite nobis vulpes parvulos quæ demoliuntur vineas. Cant. 2.

Speculatorem dedits domui Israë. Ezech. 3.

sentinelle sur un lieu fort élevé, d'où il estoit entendu de tout Paris; à moins que de trahir son ministere, & de se rendre coupable d'une extreme negligence, il ne pouvoit se dispenser de se recrier, comme il a fait, à la veuë d'un si effroyable danger. Il n'a donc fait autre chose que suivre en cela l'exemple des saints Peres, & celuy de tant d'illustres Docteurs, & de tant de Predicateurs, qui ont écrit & presché avec beaucoup de force contre les erreurs des anciens Heresiarques, & contre celles de Luther & de Calvin, mesme avant qu'elles fussent condamnées par les Conciles & par les Papes.

De plus, comme tout Chrestien est soldat de JESUS-CHRIST, & qu'il en doit faire profession, particulierement quand on attaque le principe & le fondement de la foy: Il n'y a point de Catholique en France qui ne se doive joindre à luy pour arrester des gens, lesquels apres avoir esté condamnez de l'Eglise, ont encore osé entreprendre de nous donner le Nouveau Testament de leur façon.

C. 17. Tertullien ne veut pas mesme qu'on les souffre, quand ils en appellent à l'Ecriture; Comment donc souffrirons-nous qu'ils nous la donnent? Et en les arrestant ne doit-on pas leur dire avec ce grand homme, *Qui estis vos? Et unde venistis?* Hé de grace, Messieurs, qui estes-vous qui vous meslez de nous presenter l'Ecriture, & qui cachez pourtant si soigneusement vostre nom? Vous qui prenez en un endroit la qualité d'un Docteur de Sorbonne, & qui nous assurez dans un autre que vous estes toute une legion; dites-nous precisément qui vous estes, & d'où vous venez? N'est-ce pas de Port-Royal, puis que vous l'avez avoüé dans vostre quatriéme Partie? N'est-ce pas depuis vostre condamnation solemnelle si souvent renouvellée, & confirmée par toutes les puissances, que vous paroissez aujourd'huy avec le Nouveau Testament, & que vous voulez que toute la France le reçoive avec respect de vostre main? *Quid in meo agitis non mei? Quo denique jure sylvam meam cædis? Quâ licentiâ fontes meos transvertis? Quâ potestate limites meos commoves?* Que faites-vous dans nostre heritage qui est l'Ecriture sainte, vous qui estant rebelles à l'Eglise n'estes point des nostres? Par quelles loix vous est-il permis de corrompre la pureté des eaux de ma fontaine? Qui vous a donné le pouvoir d'entrer dans mon champ pour en changer les bornes? *Mea est possessio, quid hic cæteri ad voluntatem vestram seminatis & pascitis?* Cet heritage m'appartient, puis que par la grace de Dieu je suis enfant de l'Eglise Catholique. Pourquoy vous qui estes estrangers à nostre égard, n'estant pas de l'Eglise, y venez-vous pour y semer à vostre fantaisie, & pour en arracher ce qu'il vous plaist. *Mea est possessio, olim possideo, prior possideo, habeo origines firmas ab ipsis autoribus quorum fuit res.* C'est à moy, dis-je, qu'appartient cet excellent fonds de l'Ecriture que j'ay receuë de l'Eglise. Il y a long-temps que j'en suis en possession, & plusieurs siecles devant vous qui ne faites que de naistre. J'en ay de bons titres que je tiens de ceux qui en ont esté les premiers & les legitimes possesseurs. *Ego sum hæres Apostolorum, sicut caverunt testamento suo, sicut fidei commiserunt, sicut adjuraverunt ita teneo.* C'est moy qui estant enfant de l'Eglise, suis aussi heritier des Apostres. Me trouvant dans l'Eglise Romaine j'y possede les Ecritures comme ils l'ont ordonné par leur testament, & comme ils ont prié & conjuré qu'on executast leur derniere volonté. *Vos certè exhæredaverunt semper & abdicaverunt, ut extraneos & inimicos. Vnde autem extranei & inimici apostolis hæretici, nisi ex diversitate doctrinæ, quam unusquisque arbitrio suo adversus apostolos aut protulit, aut recepit.* Pour vous qui estes *notoirement desobeïssans à l'Eglise.* Ils vous ont desheritez comme des estrangers & des ennemis, & vous estes sans doute les ennemis declarez des Apostres, en tenant une doctrine differente de la leur, une doctrine qui vient de vous, ou que vous avez receuë de Jansenius, & que vous pretendiez nous debiter sous le titre & sous le nom de la doctrine de saint Augustin.

Si la pensée de Tertullien est raisonnable, & si l'application que nous en avons faite à Messieurs de Port-Royal est juste; Pourquoy ne nous sera-t'il pas permis de conclure avec ce grand homme, & par ses principes, qu'il ne nous pouvoit rien arriver en France de plus funeste pour la Religion, que de recevoir de leur main, & par leur canal, l'Ecriture à laquelle ils n'ont point de droit, estant retranchez de l'Eglise, qui est seule en possession de l'Ecriture sainte toute pure. Et en effet, on s'est bien-tost apperceu que celle qu'ils presentent est une source agreablement corrompuë, pour faire couler plus doucement l'erreur dans les esprits, & qu'elle est bien differente de celle que l'Eglise nous a donnée pour y puiser la verité.

Cela estant, j'espere qu'il n'y aura point de personne équitable qui doute encore si le P. Maimbourg a eu raison de s'opposer comme il a fait à une entreprise si prejudiciable à la Religion, ou qui s'étonne de ce que Dieu benissant son propre ouvrage, & le zele qu'il a inspiré à ce sçavant Predicateur, il ait eu aussi la consolation de voir que les deux Puissances sacrées la Royale, & la Sacerdotale, se sont admirablement accordées pour condamner la temeraire entreprise de ces nouveaux Traducteurs.

Monseigneur l'Archevesque de Paris trouva à son retour que le loup commençoit déja d'entrer dans la plus grande partie de sa bergerie, pendant qu'il visitoit les autres avec tout le soin & toute la bonté d'un bon Pasteur. Et comme Dieu l'a destiné pour ruiner enfin la nouvelle heresie dans son Diocese, il se mit aussi-tost à le chasser par cette celebre Ordonnance également forte & zelée, contre laquelle les rebelles aux deux Puissances ne se sont élevez avec un si grand mépris de l'autorité des Evesques, que pour attirer sur eux de nouveaux coups, qui leur seront encore plus funestes que les premiers.

Le Roy qui venoit de faire par son bon-heur & par son courage invincible, la plus glorieuse Campagne qu'on pouvoit attendre, la voulut terminer heureusement & saintement contre les ennemis de Dieu, en soûtenant de son autorité Royale cette sainte Ordonnance, contre des personnes qu'il declare *notoirement desobeïssantes à l'Eglise.*

Le grand Vicaire de Monseigneur l'Archevesque d'Ambrun, de cet illustre Prelat, de qui la haute suffisance en toutes choses est si universellement connuë & respectée de tout le monde, condamna bien tost apres, cette version par son Ordonnance, qui marque mesme le principe & la source de tant de fautes dont elle est remplie. Et nous venons de voir une pareille condamnation que Monseigneur le Cardinal

Cardinal Anthoine Archevesque de Reims en a faite en prenant possession de son Eglise, où il ne pouvoit entrer plus glorieusement, qu'en faisant agir son zele & son authorité pour en bannir l'erreur.

De si heureux succés ont bien-tost payé le P. M. de toutes ses peines. Et la crainte que ces nouveaux Traducteurs en ont euë, les a transportez au de là de toutes les extremitez où ils s'estoient du moins arrestez jusqu'à present. Car il faut avoüer que ces Messieurs ont écrit de tout temps avec beaucoup d'aigreur & de fiel, & que les injures les plus atroces sont ordinairement leurs plus éclatantes figures. Ont-ils jamais rien épargné de ce qu'il y a de plus saint & de plus auguste dans l'un & l'autre estat Ecclesiastique & Seculier? Depuis le Pape jusqu'au Docteur & au Religieux, y a-t-il aucun de leurs adversaires qui ait jamais pû échapper à cette horrible tempeste de leur colere, qui se décharge dans tous leurs écrits par une infinité d'epithetes tres outrageuses? Mais tout ce qu'ils ont dit contre les autres, ne sont que des fleurs en comparaison de ce qu'ils ont ramassé d'outrages contre le P. M. pour l'en accabler. Tout ce que la bile la plus ardente & la plus embrazée du Paganisme a inventé d'injures pour satisfaire la vengeance; ces gens qui ne parlent qu'humilité chrestienne, & que voye étroite de l'Evangile, l'ont employé dans les sept parties de leur bel écrit, pour se venger de ce fameux Predicateur. Et ils l'ont fait comme les plus viles personnes de la populace ont accoustumé de faire, quand la fureur qui les transporte leur oste ce peu de raison qui les distinguoit à peine des bestes.

Ils en viennent mesme à des faits qui sont faux de notorieté publique, & dont la fausseté qui est la plus aisée du monde à découvrir, les deshonore, & les rend indignes de toute creance. Ils supposent au P. M. des accusations contre eux, que tous ceux qui l'ont entendu sont témoins qu'il n'a point faites. Ils luy reprochent d'avoir presché il y a quinze ans dans Toulouse contre l'Amour de Dieu, quoy que l'on sçache assez que sa maniere a toûjours esté d'attirer les pecheurs par la consideration de la bonté de Dieu, & bien plus par l'amour que par la crainte. Ils osent mesme avancer dans cet horrible libelle qu'ils ont publié contre Monseigneur l'Archevesque de Paris, que ce Pere a esté autrefois obligé par Sentence de l'Officialité de faire reparation publique, & dans la Chaire, à Messieurs les Curez de Paris qu'il avoit tres-indignement outragez. Et cependant il n'y a rien de plus faux que cette calomnie, ni rien mesmes dans cette imposture qui approche de la verité. Et tout Paris qui n'a jamais rien veu n'y oüi de semblable en peut rendre témoignage. A-t-on de l'honneur à perdre quand on avance si hardiment des faussetez qu'on peut si facilement découvrir? Et peut-on encore esperer apres cela quelque creance dans le monde? Mais ayons pitié de ces pauvres aveugles. La douleur qu'ils ont euë de se voir attaquez si vivement, & par un endroit où ils prevoyoient leur ruine asseurée leur a fait perdre la raison. Donnons quelque chose par compassion au chagrin qu'ils doivent avoir, de se voir condamnez apres avoir esté bien battus. N'imitons pas la conduite de ceux qu'on a reduits par de justes armes, aux pitoyables termes de ne se pouvoir defendre, que par des suppositions, & par des injures.

Je suivray donc l'Evangile qu'ils ont si mal traité dans leur Version & dans sa Defense. Et ne répondant à leurs injures qu'en priant Dieu qu'il leur pardonne, je ne feray que proposer & prouver en suite solidement la justice de cette celebre accusation qu'on a formée, & que je vas reduire à ces huit Chefs.

PREMIER CHEF D'ACCUSATION,

QV'ILS ONT TRES-SOVVENT QVITTE' le texte sacré de la Vulgate, que l'Eglise dans le saint Concile de Trente. Seß. 4. declare que l'on doit tenir pour authentique, & qu'ils ont mis le Grec vulgaire en sa place, aux endroits où il est different de ce texte dans les choses essentielles, & dans lesquelles par consequent il ne peut plus estre nostre regle.

POVR les convaincre par eux-mesmes sur ce poinct. Il ne faut que s'en tenir à ce qu'ils ont produit pour eux dans la seconde Partie de leur Apologie page 2. tiré du Cardinal Pallavicin l. 6. ch. 17. où il dit nettement que quand le Concile decide que la Vulgate est authentique, cela veut dire qu'il declare que non seulement elle ne contient rien qui soit contraire à la foy, & aux bonnes mœurs; mais aussi qu'elle n'est point falsifiée exprés en aucune partie, ni en aucune chose quelque petite qu'elle soit, ni differente de l'original, mesme par inadvertence, dans les choses essentielles, *Ne mai eziandio inauvertentemente difforme d'all'originale nella sustanza.* Et en effet, ce mot authentique selon la force du Grec αὐθεντία signifie proprement ce qui est approuvé par l'authorité d'une puissance legitime. Or la puissance souveraine de l'Eglise assemblée dans un Concile, ne peut approuver de son authorité supreme une version, qu'elle ne la presuppose conforme à l'original dans la substance des choses, puisque c'est en cela que consiste la verité d'une Traduction, que sans cette conformité elle seroit absolument fausse, & que le Concile par son Decret en auroit autorisé la fausseté. De là vient que dans le commerce des hommes une piece est tenuë pour authentique, quand un Officier l'ayant collationée à l'original par une autorité publique, certifie & declare en suite qu'elle s'y rapporte fidelement.

Au reste, le Concile a fait cette declaration solennelle, particulierement pour deux raisons qu'on peut aisément remarquer dans la Preface de la Bible, & qui sont decisives pour le jugement de cette affaire.

La premiere est, que cette ancienne version Latine, à qui les saints Peres, & particulierement saint Augustin, donnent de si grands Eloges, a esté de tout temps approuvée de l'Eglise, comme la plus fidele de toutes. Car comme elle fut faite dés le premier Siecle, & du temps mesmes des Apostres, ou du moins de leurs premiers Disciples, pour servir de

Lib. 2. de doct. Christ.

regle à tout l'Occident : On ne doute point que son Autheur qu'on nomme ordinairement le vieil Interprete ne l'ait formée sur le vray Grec. Et saint Ierôme qui la rétablit par l'ordre du Pape Damase, quand on reconnut qu'elle avoit esté fort alterée par l'ignorance des Copistes, & par la malice des heretiques, ne se servit pour ce grand ouvrage que de ces anciens & fideles Exemplaires, qu'il appelle les veritables & les apostoliques. De là vient que l'Eglise a toûjours suivy cette version, comme la plus conforme au veritable original, & qu'elle a fait tant d'état de ce grand Saint, qu'il n'est pas mal-aisé, dit cette celebre Preface, de condamner le jugement de ceux qui ne s'en tiennent pas à l'ouvrage d'un si excellent Docteur ; & qui ont la presomption de croire qu'ils pourront faire quelque chose de meilleur, ou du moins d'aussi bon que ce qu'il a fait. *Vt jam difficilè non sit eorum damnare judicium, qui vel tam eximij doctoris lucubrationibus non acquiescunt, vel etiam meliora aut certè paria præstare se posse confidunt.*

Præfat. in Evan.

La seconde raison qui a obligé le Concile à faire ce Decret, c'est qu'il a falu donner aux fideles une regle certaine & asseurée dans le principe & le fondement de la foy, qui est la parole de Dieu. Il y avoit du temps de saint Ierôme, à ce qu'il dit, tout autant d'exemplaires differens que de livres, chacun ostant ou ajoustant, ce qu'il luy sembloit qu'il faloit oster ou ajouster. C'est ce qui obligea l'Eglise à faire rétablir la Vulgate en son premier estat pour luy servir de regle. De mesme, du temps du Concile il y avoit une tres-grande diversité de Traductions de la Bible, ce qui causoit une étrange confusion, outre que plusieurs estoient dangereuses, en favorisant les erreurs de ce temps là. Les versions mesme dont les Peres se sont servis, comme il se voit dans leurs ouvrages, sont differentes en plusieurs endroits, parce qu'elles avoient esté faites sur de differens exemplaires Grecs, qui par consequent ne pouvoient estre tous semblables au veritable original. Il faloit donc que l'Eglise en choisist une qu'elle preferast à toutes les autres, & à leurs modeles, & qu'elle l'approuvast de son autorité, afin qu'elle pût nous servir de regle. Et c'est ce qu'elle a fait solennellement dans le Concile, avec l'inspiration & l'assistance particuliere du saint Esprit, dont il ne pouvoit jamais avoir plus de besoin que dans une affaire de cette importance. Que si l'on se donne maintenant la liberté d'en retrancher, quand on veut une partie pour en substituer un autre, quand mesme elle seroit prise du Grec vulgaire, du Syriaque, de l'Arabe, de l'Ethiopien, de quelques exemplaires Grecs fort recherchez, ou enfin de quelque Saint Pere, sous pretexte que d'habiles gens le trouvent bon ainsi : quelle horrible confusion sera-ce dans l'Eglise ? Nous n'aurons plus de principe certain pour regler nos disputes. Et chacun pourra faire sa Bible comme il luy plaira, pour se defendre de celle d'un autre. C'est pourquoy le Concile veut qu'on tienne cette version pour authentique, dans les leçons publiques, dans les disputes, dans les Predications, & dans les Interpretations, defendant de l'abandonner, & de

Præfat. in Ios.

de la rejetter sous quelque pretexte que ce soit, *Et ut nemo illam rejicere quovis prætextu audeat vel præsumat.*

Cela estant ainsi. Il est bien aisé de voir ce qu'on doit juger de ces Messieurs, & de raisonner contre eux en cette maniere. L'Eglise dit que la Vulgate est authentique, c'est à dire, comme ils en conviennent, tres conforme à l'original apostolique dans la substance des choses, par consequent le Grec vulgaire dans les endroits où il est different de la Vulgate dans les choses substantielles, n'est ni le vray original, ni conforme au pur original. Donc il ne doit pas estre preferé à la Vulgate, & moins encore proposé comme une regle certaine. C'est donc une entreprise temeraire que d'en former le texte qu'on presente, comme le legitime & le plus semblable au pur original. Or c'est justement ce que les Traducteurs ont fait.

Ils n'ont gardé aucune mesure ni aucune regle certaine, en formant le texte qu'ils nous ont donné. Tantost ils suivent la Vulgate rejettant le Grec, tantost ils l'abandonnent pour mettre le Grec à sa place, & quelquefois ils quittent l'un & l'autre, pour former comme un tiers party entre deux par quelque sens particulier. Ils ajoûtent, ils ostent, ils paraphrasent, & dans une si grande diversité, il n'y a rien ni de plus certain, ni de plus constant, que ce qu'on leur reproche icy, je veux dire, qu'ils preferent tres-souvent le Grec vulgaire à la Vulgate, en des endroits tres-differens dans la substance des choses. Cela se voit en beaucoup de passages que le P. M. a produits en differentes rencontres sans aucune affectation, selon qu'ils venoient aux sujets de ses Sermons, comme l'on peut le remarquer dans tout cet Ecrit: En voicy quelques-uns que j'ay choisis d'entre les derniers, ausquels il leur semble qu'on a répondu plus fortement, afin qu'on ait le plaisir de voir leur foiblesse, dans les lieux mesmes où ils ont déployé toute leur force.

PREMIER PASSAGE.

En l'Epistre aux Coloss. ch. 2. v. 14. *Delens quod adversus nos erat Chirographum decreti quod erat contrarium nobis, & ipsum tulit de medio affigens illud cruci.* Effaçant l'obligation qui nous estoit contraire, & qui contenoit le Decret de nostre condamnation, il l'a entierement abolie l'attachant à la Croix. Ils ont traduit. *Il a effacé par sa doctrine la cedule qui nous estoit contraire*, de sorte qu'ils ajoûtent *par sa doctrine*, qui n'est point dans la Vulgate, & ils en ostent *le Decret* qui s'y trouve. Ce changement est fait dans un point essentiel ce me semble. Car on ne peut nier que ce ne soit par son sang, comme par la source & par le principe de toutes les graces, que Iesus-Christ a effacé l'obligation qui nous estoit contraire, avec le Decret de nostre condamnation qu'elle emporte, & qu'elle renferme en elle-mesme, l'abolissant & l'attachant à la Croix par sa mort. Et toute autre chose ne peut l'effacer, qu'entant qu'elle contribuë à nous appliquer le merite de son sang. Mais ceux-cy disent que c'est par sa doctrine qu'il efface la cedule, sans rien dire de ce Decret. Et ils ont traduit de la sorte, parce qu'en abandonnant la Vulgate, ils ont suivy le Grec vulgaire, où il y a τοῖς δόγμασιν. Quoy que le Marquis de Velez qui a corrigé le Grec ordinaire sur ses seize Exemplaires, y ait trouvé comme dans la Vulgate, δόγματος *Decreti*. Surquoy l'Apologiste est sans mentir tout à fait agreable, lors que faisant parler le P. M. comme il l'entend, & comme asseurement personne ne l'entendit jamais, il luy fait dire qu'entre ces seize Manuscrits il y en a un qui a τοῦ δόγματος. Et là dessus il fait cet admirable raisonnement, que comme il n'y en a qu'un seul qui l'ait, & que tous les autres ont τοῖς δόγμασιν comme le nostre; il faut conclure de là qu'il contient le vray texte & l'original. Cela s'appelle se vouloir premierement tromper, pour tromper en suite plus facilement les autres. Car ce que le Marquis a restably dans son Nouveau Testament Grec, conformément à la Vulgate, il l'a fait (comme Lacerda le témoigne) en conferant ensemble ces seize Exemplaires, dont il y en avoit huit qui estoient de la Biblioteque Royale de l'Escurial. Et comme il ne dit pas le nombre de ceux qui ont aussi bien que la Vulgate ce δόγματος, il ne dit pas aussi non plus que le P. M. qu'il n'y en ait qu'un. D'où vient donc que cet homme si hardy le luy fait dire, & qu'il l'asseure si affirmativement? D'ailleurs, ces vrais & ces apostoliques Exemplaires, sur lesquels saint Ierôme dit qu'il a reveu nostre Vulgate, & ceux dont s'est servy l'ancien Interprete, que ce Docteur éclairé particulierement de Dieu pour la traduction de l'Ecriture a remis dans son premier estat, ne seront-ils contés pour rien?

Advers. sacra.

Mais quand plusieurs, & mesme la pluspart de ces Exemplaires auroient ce δόγμασιν, pourquoy ne l'accorde-t-on pas avec la Vulgate? puis qu'on le peut faire si facilement, en luy laissant sa signification naturelle de Decrets, comme les Interpretes le remarquent. Car il y a des Anciens qui ont lû ἐν δόγμασιν, *l'obligation qui est dans les Decrets*, c'est ce qu'Origene a trouvé dans ses Exemplaires, comme il paroist par son Homelie 13. sur la Genese, & ce que saint Augustin, saint Hilaire, & l'Autheur que l'on prend pour saint Ambroise, ont lû dans leurs versions Latines formées sur de semblables Manuscrits. Or ce *Chirographum in Decretis*, a la mesme force que le *Chirographum Decreti*, de nostre Vulgate. Car comme ce Decret nous condamnoit à bien des choses, & à toutes les peines qui sont deuës à nos pechez: soit qu'on le mette au singulier, ou au pluriel, qu'il soit dans l'obligation qui le contient, ou que l'obligation soit dans les Decrets, cela revient toûjours au mesme sens.

Ie dis plus, quand il n'y auroit dans le Grec que ce δόγμασιν, l'on pourroit neantmoins, & l'on devroit sans doute dans une version l'accorder avec la Vulgate, puis qu'il se peut prendre au datif, qui selon le Grec & l'Hebreu, se prend quelquefois pour le genitif, comme nôtre Ecrivain le pouvoit apprendre des Interpretes qu'il respecte si fort, qu'il veut souvent que nous mettions leurs sentimens quand ils luy

Cornel. Iustinin.

plaisent, en la place de nostre texte. Y a-t-il rien de plus avantageux à celuy qui se mesle de traduire, que de pouvoir tout accorder ? Et ne faut-il pas qu'il le fasse, s'il n'affecte visiblement de quitter la Vulgate, pour s'attacher au Grec qu'on en éloigne autant qu'on peut, en luy donnant un tour tout different.

Mais quand ce que je viens de dire ne se trouveroit pas. Quand il y auroit beaucoup plus d'exemplaires qui n'eussent que ce δόγματα ; que mille Interpres approuveroient ce sens, qu'on veut absolument luy donner en cet endroit ; & qu'il seroit impossible de l'accorder avec celuy du *Decreti* de la Vulgate, à cause de la trop grande difference qu'il y a de l'un à l'autre (comme il faut bien necessairement qu'on le dise pour se justifier de ce qu'on n'a pas voulu faire cet accord) quand, dis-je, tout cela seroit, pense-t-il que ses Traducteurs en fussent beaucoup mieux ? Bien loin de cela, je soûtiens que c'est par là mesme qu'on doit les condamner, parce qu'il est évident qu'ils ont mis à la place de la Vulgate declarée authentique, & tres-conforme au vray original, *nella sostanza*, le Grec vulgaire si different, comme il l'avoüe, dans un point si substantiel, & qu'en suite ils nous ostent ce que l'Eglise nous a donné pour nostre regle, & qu'ils nous donnent en sa place ce qui ne l'est pas. Voila dequoy on les accuse, & à quoy leur Apologiste en ses trois fueillets qui ne touchent point à nostre sujet, n'a du tout rien répondu. Car tout ce qu'il nous dit des Interpretes, de leurs sentimens, de leurs conjectures, & de leurs explications, ausquelles on en peut opposer d'autres qu'il trouvera mesme dans ceux qu'il cite : Tout cela, dis-je, est fort bon pour charger des Commentaires, mais non pas pour avoir droit de changer le texte approuvé de l'Eglise. Cela seul est capable de renverser toutes ces grandes machines qu'il éleve contre le P. M. par tant d'inutiles citations. Il ne faut que ce mot pour les ruiner. Quand tout ce que vous dites de ces celebres Auteurs seroit vray (& il s'en faut beaucoup qu'il ne le soit) ce n'est pas dequoy il s'agit, ces Docteurs & ces Interpretes, quelques sentimens qu'ils ayent eus, n'ont pas attanté sur le texte, comme vous qui l'avez changé. C'est ce qui se verra bien mieux encore dans le quatriéme Chef.

SECOND PASSAGE.

On peut voir la mesme entreprise dans la version de ce passage de la premiere aux Corinthiens ch. 15. v. 23. *Vnusquisque autem in suo ordine, primitiæ Christus, deinde ij qui sunt Christi qui in adventu ejus crediderunt.* Tous vivront en JESUS-CHRIST, dit l'Apostre, JESUS-CHRIST qui est les premices, & puis ceux qui sont à luy, qui ont crû en son avenement.

Ceux de Geneve ont traduit, *Puis apres ceux qui sont de Christ seront vivifiez en son advenement*, & ceux de Mons *puis ceux qui sont à luy ressusciteront en son advenement.* Les uns & les autres suppriment la condition fort essentielle, que saint Paul exprime pour estre à JESUS-CHRIST, & pour revivre glorieux avec luy, qui est de croire en son advenement, & ils la suppriment, parce qu'ils ont également substitué en la place de la Vulgate, le Grec vulgaire où ce mot si essentiel ἐπίστευσαν ont crû, ne se lit point. quoy qu'il se trouve dans ces Manuscrits dont je viens de parler.

Mais y en eut-il mil autres qui ne l'ayent pas, & fussent-ils approuvez de mil Interpretes; puis qu'ils sont differens de la Vulgate en ce point si essentiel, où l'Eglise veut qu'on la tienne pour conforme à l'original: Il est évident qu'ils ne le sont pas, & qu'on n'en sçauroit faire le texte qu'on presente, comme celuy que nous devons tenir pour nostre regle.

Part. 6. pag. 1. L'Apologiste qui suppose icy au P. M. en lettre Italienne, suivant sa coustume des termes dont il ne s'est jamais servy, croit le confondre en un mot, quand il luy oppose tous les Grecs & les anciens Latins, qui selon le P. Amelote ont lû, comme il est porté dans nostre Grec vulgaire. Mais le bon homme ne voit pas que l'autorité qu'il allegue le confond luy-mesme, puis que ce sage Traducteur n'a pas laissé de leur preferer la Vulgate, si solennellement autorisée par le Concile. Et toutes les fausses raisons que luy oppose ce mauvais Critique, dans sept ou huit pages du 6. écrit, & dans tout le 7. sont de trop foibles armes pour combatre un homme qui sçaura bien se deffendre avec avantage, puis qu'il fait paroistre plus de solide doctrine dans une de ses marges, qu'il n'y en a dans toutes celles du Nouveau Testament de Mons. I'ay dû ajoûter cet Eloge aux loüanges qu'on reproche au P. M. de luy avoir données. Il y a plus d'une raison qui m'y oblige. Toûjours ne sçauroit-on nier que mon amy ne luy ayt quelque obligation, de s'estre attiré pour le soulager un peu par une obligeante diversion, une partie des forces d'un si redoutable ennemy.

Ie diray pourtant à cet ennemy, sans craindre de l'avoir aussi à mon tour sur les bras, qu'il est trop hardy, pour ne pas dire temeraire, d'avoir osé dire qu'on ne voit pas bien à quoy sert cette addition, *qui in adventu ejus crediderunt*, comme s'il y en avoit d'autres qui fussent à Iesus-Christ, que ceux qui ont crû en son avenement. Que si c'est seulement une designation plus expresse, il semble que cela devoit estre joint par un (*&*) outre qu'elle ne dit rien qui ne soit suffisamment enfermé dans ces paroles, *ij qui sunt Christi*, & que selon le Grec ces mots (*in adventu*) enferment un sens nouveau, parce qu'ils marquent le temps auquel ressusciteront ceux qui sont à Iesus-Christ. Et pour toutes ces belles raisons, il a plû enfin à Messieurs de Mons, de preferer en cet endroit le Grec à la Vulgate.

Part. 6. pag. 3.

Mais il ne se pouvoit rien dire de plus fort pour justifier l'accusation du P. M. Car si cette licence des conjectures & du raisonnement humain est permise icy, il n'y aura plus rien de certain dans le principe de la foy. Chacun fera sa Bible à sa mode, & dés qu'un homme ne verra pas bien à quoy sert quelque mot dans l'Ecriture, il pourra l'oster librement, en suivant une autre leçon, dont il formera le texte à sa fantaisie.

taisie. Il retranchera, s'il luy plaist, une bonne partie de l'Ecriture, parce qu'il arrive souvent qu'une sentence n'est qu'une *designation* plus expresse de celle qui precede, sans mesmes qu'elles soient liées par aucune conjonction; Et par cette raison nous perdrons presque la moitié des Pseaumes, où la seconde partie d'un Verset est souvent renfermée dans la premiere. Ioint que si cet *(in adventu)* du Grec, enferme un nouveau sens, il est donc different icy de la Vulgate dans la substance, puis qu'il marque le second advenement, & qu'on n'y voit pas le premier exprimé comme il l'est dans la Vulgate. Et par consequent ils preferent un autre texte à celuy que l'Eglise declare authentique, & semblable à l'original.

Comment apres cela peuvent-ils dire en gens d'honneur, qu'ils traduisent selon la Vulgate (comme ils en font profession dans le Titre & dans la Preface) puis qu'ils l'abandonnent si ouvertement; que pour affoiblir son autorité à l'exemple de Geneve, ils n'ont pas mesme daigné mettre dans ces deux passages, & dans beaucoup d'autres, la difference de la lettre à la marge.

Mais quand ils l'y auroient mise, comme ils ne leur arrive que trop souvent de l'y mettre, c'est toûjours une injure qu'ils luy font. Car autant de fois qu'ils en usent de la sorte, ils la renversent de ce thrône, d'où elle regnoit sur les esprits avec un empire absolu, en qualité de parole de Dieu, & ils la releguent dans un coin de marge, où elle n'a plus d'autorité, puis qu'ils luy ostent encore cette miserable retraite en la seconde Edition.

TROISIE'ME PASSAGE.

C'est ainsi qu'ils traitent ce beau passage de saint Pierre en sa premiere Epistre ch. 2. v. 23. où il exhorte les Chrestiens à souffrir constamment les maux qui leur viennent injustement de la malice, ou de la violence de ceux qui les oppriment. Et pour leur inspirer cet esprit de force chrestienne, il produit l'exemple de Iesus-Christ, *Qui cùm malediceretur non maledicebat, cùm pateretur non comminabatur, tradebat autem judicanti se injustè.* Qui ne répondoit point par des injures, quand on l'en accabloit, qui ne menaçoit pas quand il estoit maltraité, mais au contraire, il se livroit entre les mains de celuy qui le jugeoit injustement. Voila justement dans ce mot, *injustement*, la force de l'exemple qui nous oblige à recevoir avec patience, ce que nous souffrons par l'injustice. Au lieu de traduire en cette maniere selon la Vulgate, ils rejettent à la marge cette partie si essentielle de ce beau texte, & mettent en sa place, comme ont fait ceux de Geneve, le Grec vulgaire qui dit tout autre chose, en traduisant, *Mais il a remis sa cause entre les mains de celuy qui juge selon la justice.* Quand on n'auroit pas produit ce passage comme un exemple de la corruption du texte Grec: que le Marquis ne l'auroit pas corrigé sur ses Exemplaires, & que des Interpretes l'auroient employé dans leurs Commentaires, en luy donnant un fort bon sens; il seroit toûjours vray que par une étrange affe- *Tirinus.*

ɛtation, toute semblable à celle de Geneve, ils ont osté du texte la Vulgate, pour mettre en sa place le Grec vulgaire tres-different dans la substance, puis qu'il n'exprime pas cet acte heroïque de IESUS-CHRIST qui se livra luy-mesme à Pilate qui le jugeoit injustement. Et c'est dequoy on les accuse.

C'est donc inutilement que cet Ecrivain produit icy des versions, des Interpretes, & des Peres. Les versions ne sont pas nostre regle. Elles peuvent servir dans un Commentaire pour faire voir les diverses leçons, mais on ne les peut employer pour oster nostre texte de sa place. Nous sçavons que les Interpretes alleguent le Grec, & qu'ils luy donnent un bon sens, le moindre Echolier luy en fournira beaucoup plus qu'il n'en rapporte. Mais ont-ils changé pour cela le texte ? Et peut-on faire un semblable attentat sur de simples conjectures, & sur des sentimens qu'il nous est permis de ne pas suivre ? Pour les Peres, comme il avoüe qu'ils sont partagez en ceey, les uns lisant comme le Grec, les autres comme la Vulgate, cela luy fait voir que pour se fixer à un point qui nous regle, il faut s'adresser à l'Eglise qui le determine. Ainsi cette dispute ne dépend pas comme il le pretend, de la discussion des Exemplaires & Manuscrits Grecs, de la lecture des Peres Grecs & Latins, & de l'étude des Commentaires anciens & nouveaux : mais purement de l'autorité de l'Eglise qui a toutes ces lumieres pour nous, & & à laquelle il appartient de nous donner les Ecritures. Autrement chacun se feroit des écritures à sa mode, selon qu'il se croiroit plus habile dans la critique.

Mais ce qu'il y a de plus pitoyable dans cette sixiéme invective de cet homme, qui n'a pû se defaire un seul moment de ce fâcheux chagrin qui le tourmente, c'est qu'à son ordinaire il preste au P. M. un discours qu'il n'a jamais fait, & que choisissant luy-mesme les paroles qu'il luy met à la bouche, il veut qu'il ait dit d'un air stupide & ridicule, que leur version contient un sens qui nous fait croire, qu'il y a eu de la justice dans le jugement le plus injuste qui ait jamais esté rendu, & qui se rendra jamais. De sorte qu'il faisoit croire comme le pretend ce galant homme, qu'elle tendoit à justifier Pilate, comme ayant justemen condamné Nostre Seigneur. Bon Dieu, quelle étrange vision ! quell
Page 10. supposition ! & quelle imposture ! pour avoir un beau pretexte de char ger d'injures son adversaire, & d'employer les pages entieres à prouve une verité dont personne n'a jamais douté, je veux dire, que le sens d Grec se rapporte à Dieu, qui jugeoit avec justice, en mesme temps qu Caïphe & Pilate le faisoient avec injustice. Mais comme cela ne rega de que le phantosme du Pere Maimbourg qu'on a forgé à Port-Roya Le vray P. M. qui ne luy ressemble point du tout n'y doit prendre a cune part. Il a fait voir assez clairement ce qu'il reprenoit dans la tra duction de ce passage. Quoy que le sens du Grec soit veritable, il e pourtant different de celuy de la Vulgate qui en exprime un autre ; ne faloit donc pas former le texte, de celuy-là, pour rejetter à la marg

celuy-cy qui est approuvé par le Concile, & declaré authentique & conforme à l'original. Voila le point essentiel où il faut s'arrester.

Que deviendront donc maintenant tous ces grands lieux communs que l'Apologiste a faits, de l'autorité, & de l'utilité du Grec, pour l'intelligence de la Vulgate, laquelle est preferée par le saint Concile à toutes les autres versions Latines, sans condamner absolument le Grec, auquel on peut, & l'on doit mesme souvent recourir, comme le prouve si bien le Pere Amelote qu'il cite fort au long sur ce point là? I'en tombe d'accord. Mais par malheur pour luy, ce n'est pas dequoy il s'agit. Le point de nostre contestation est de sçavoir si lors que le Grec est different du Latin, non pas dans la maniere seulement, & en des choses fort legeres; mais encore dans la substance *nella sostanza*, comme parle le Cardinal Palavicin auquel il s'en rapporte, on a pû le substituer en la place de la Vulgate, comme on a fait tres-souvent. C'est là dequoy on l'accuse, parce que le Concile voulant qu'on tienne la Vulgate pour authentique, & conforme à l'original dans la substance, ne la prefere pas seulement à toutes les autres versions Latines: mais de plus, il declare par une suite necessaire, que le Grec qui differe de la Vulgate en ces sortes de choses, estant aussi different de l'original, ne doit pas passer pour authentique, d'où il s'ensuit qu'il n'est point aussi nostre regle. C'est à quoy ce grand Docteur n'a pas répondu. Et pour le confondre, il ne faut que luy dire en un mot, qu'apres avoir cité le Pere Amelote sur un point dont il ne s'agit pas, il ne devoit pas supprimer ce qu'il dit immediatement apres sur nostre contestation, lors qu'il demande l'application extraordinaire de son lecteur, pour luy prouver solidement, comme il le fait en plusieurs pages, que le Grec vulgaire en tous ces endroits differens est corrompu, & que ~~les~~ plus anciens Exemplaires dont il a fait une exacte recherche, approchent du temps des Apôtres: plus, ils contiennent mot pour mot, ce qui se lit dans la Vulgate, que saint Ierôme a rétablie sur les exemplaires Apostoliques, l'appellant pour cela, l'eau d'une source toute pure. C'est donc un attentat de l'avoir chassée de sa place, pour y mettre ce qui n'est point approuvé de l'Eglise. Et cecy paroist encore plus clairement dans cette seconde Accusation. 1. & 2. Part.

SECOND CHEF D'ACCVSATION.

ON les accuse donc en second lieu, d'avoir eu la hardiesse de corriger nostre texte qui est Sacré, en des endroits, où cinq Assemblées faites par autorité de cinq Papes n'ont osé toucher, apres les avoir bien examinés. Ces grands Pontifes Pie IV. Pie V. Sixte V. Gregoire XIII. & Clement VIII. pour executer le dessein du saint Concile sur la correction de la Vulgate, afin de la purger de toutes les fautes qui s'y estoient glissées, par la negligence des Imprimeurs & des Copistes; assemblerent les plus grands hommes de la terre, & les plus sçavans dans les Langues, pour l'examiner tres-exactement sur les plus anciens Manuscrits, & sur les ouvrages des Peres. Et apres une étude si exacte, & une application si forte & si assiduë, sur tous les passages particuliers qui pouvoient estre contestez: ils nous les ont laissez comme ils sont encore aujourd'huy dans la Vulgate. Et l'on declare dans la Preface de la Bible, qu'encore qu'il semblast qu'en quelques-uns on eut pû changer quelque chose, on avoit pourtant resolu de n'y point toucher, non seulement comme dit nostre Apologiste, 1. part. page 9. parce qu'on estoit accoustumé de les lire en cette maniere: mais aussi parce qu'on doit croire que ceux qui nous ont donné la Vulgate, & qui l'ont traduite du Grec, avoient de meilleurs Exemplaires, & plus fideles que les nostres, & qu'on n'avoit pas eu dessein de corriger, & de changer aucune partie du texte de l'ancien Interprete: mais seulement d'en oster les fautes que le temps y avoit fait insensiblement couler par la negligence des Copistes. Ce qui paroist mesme par la réponse du Cardinal Bellarmin à Lucas de Bruges, qui vouloit qu'on y changeast encore beaucoup de choses: mais ce Cardinal qui estoit de cette Assemblée que je viens de dire, luy répond, qu'encore qu'il semblast qu'on les pût changer, on les avoit pourtant laissées pour de bonnes raisons, qui sont celles-là mesmes que l'on exprime dans la Preface de la Bible.

Il n'en faut pas davantage sans doute pour convaincre ces nouveaux Traducteurs d'une extreme temerité, qui ne doit nullement étre soufferte dans l'Eglise. Car si des Assemblées si venerables, & qui se sont faites par son autorité, n'ont osé changer ces passages pour de si puissantes raisons: il est évident que cela ne se doit jamais faire que par la mesme autorité, & que c'est un droit que l'Eglise s'est uniquement reservé. Cependant voicy des particuliers dont on ne sçait pas mesme le nom, qui changent hardiment dans le sacré Texte que l'Eglise presente aux fideles comme la parole de Dieu, ce que des Assemblées reglées & établies sur ce sujet par autorité de la mesme Eglise, apres avoir examiné fort exactement les raisons de part & d'autre, jugent qu'il faut laisser en son entier, *consultò immutata relicta sunt*. Y eut-il jamais d'entreprise, & plus temeraire, & plus criminelle? C'est pourtant celle de ces Messieurs les nouveaux Traducteurs, comme il paroist dans tout leur ouvrage, où ils changent une infinité de choses; en ostant ou en ajoûtant, & en rétablissant ce qu'il leur plaist, & en substituant d'autres mots qui n'ont pas la mesme force, ou la mesme signification. Tous les passages que je leur oppose, & tous les autres que tant de sçavans leur reprochent aujourd'huy, sont autant de convictions. En voicy encore quelques exemples, *2. Cor. 11. v. 5.*

Præf. Bibl.

QUATRIE'ME PASSAGE.

Existimo me nihil minus fecisse à magnis Apostolis.

Au lieu de traduire, je crois n'avoir pas moins fait que les grands Apostres,

Apostres, comme l'Interprete a fort bien entendu ce verbe ὑστερηκέναι, *demeurer en arriere dans la course*, c'est à dire dans la predication dont il s'agit seulement icy; Ces Messieurs ont traduit comme Geneve, *mais je ne pense pas avoir esté inferieur en rien aux plus grands d'entre les Apostres.* Et ils se fondent sur ce qu'au Chapitre suivant y ayant *nihil minus fui*, pour exprimer le mesme verbe, il faut dire le mesme en celuy-cy, où il y a tres-grande apparence que par une erreur de Copiste, il se lit maintenant *fecisse*, pour *fuisse.* Mais cela mesme, & ce qu'il dit dans sa réponse qui peut estre bon pour des Commentaires, a esté bien consideré par ces grands hommes. Et apres tout, ils ont laissé le texte comme il est excellemment bien traduit, selon la force du mot Grec, au premier endroit, *fecisse*, par rapport à la predication; au second *fuisse*, par rapport à son Apostolat, & à ces graces merveilleuses dont il parle. Il en faloit user de la sorte, & mettant à la marge leurs remarques, & leurs conjectures, s'ils ne vouloient pas les abandonner, laisser le texte inviolable.

1. Part. pag. 19.

De plus, comme il veut qu'on corrige le premier passage par le second, puisque le mesme verbe y est: un autre ne pourroit-il pas pretendre par la mesme raison, que l'on corrigeast le second par le premier? ce qui semble encore plus naturel: il ne faut pourtant pas le faire, & la correction Romaine le défend, laissant le premier comme il est. On ne devoit donc pas aussi entreprendre de le changer. Mais ils aymoient trop ce sens là, qu'ils avoient déja employé dans le livre des grandeurs de l'Eglise Romaine page 570. pour rendre égaux en toutes choses saint Pierre & saint Paul, & pour en former les deux Chefs qui n'en font qu'un, ce qui a esté condamné à Rome avec ce livre.

CINQUIE'ME PASSAGE.

Aux Galates ch. 5. v. 22. & 23. l'Apostre met 12. fruits de l'esprit qui ont chacun leur proprieté particuliere, que plusieurs Interpretes, & entre autres saint Anselme, & saint Thomas, ont pris soin de nous faire remarquer. Messieurs de Mons ont pris celuy de corriger ce passage: & le releguant à la marge, ils n'ont mis dans le texte que 9. fruits à l'imitation de Geneve, & selon le Grec vulgaire, en ostant la longanimité, la modestie, la continence, & la chasteté: & en se contentant de substituer à leur place la Temperance, laquelle lors qu'elle est employée toute seule, & hors du denombrement des quatre vertus Cardinales, ne signifie certainement, selon l'usage ordinaire de nostre langue, que cette vertu qui régle le boire & le manger; & ne marque point en particulier ces quatre especes de Vertus qui sont dans nostre texte. Ainsi tout ce qu'il dit dans sa réponce touchant ses conjectures, & la grande diversité qui se trouve dans le denombrement que les Peres ont fait de ces fruits, (ce qu'il a transcrit des Interpretes) ne sert de rien, que pour faire partie d'un Commentaire. Ces grands deputez de l'Eglise en sçavoient pour le moins autant que luy, & voyoient tout cela, & peut-estre encore bien davantage; & neanmoins ils ont laissé le texte comme il eſt. Et ces hardis reformateurs ſe ſont donné la liberté de le changer. Voila dequoy on les accuſe, & c'eſt à quoy leur Advocat ne répond pas. Mais voicy quelque choſe encore de moins ſupportable.

SIXIE'ME PASSAGE.

Saint Pierre en la ſeconde Epiſtre ch. 2. v. 9. dit que Dieu reſerve les méchans aux rigueurs de ſon jugement; *Magis autem eos qui poſt carnem in concupiſcentiâ immunditiæ ambulant, dominationemque contemnunt, audaces, ſibi placentes, ſectas non metuunt introducere blaſphemantes.* Particulierement ceux qui accompliſſant leurs deſirs impurs, menent une vie brutale & charnelle, qui mépriſent les puiſſances qui leur commandent, ſont audacieux, amateurs d'eux-meſmes, & ne craignent pas d'introduire de nouvelles ſectes par leurs blaſphemes. Au lieu de ces dernieres paroles qu'ils ont oſtées du texte, ils y mettent comme fait Geneve, *Et qui ne craignent point de maudire ceux qui ſont élevez en dignité.* Et cela parce que le mot *d'introduire*, ne ſe trouve pas dans le Grec vulgaire. Mais ils devoient le ſuppléer, comme ils ont fait au v. 4. celuy *de cruciandos, pour eſtre tourmentez*, & l'Apologiſte a pris l'un ponr l'autre, en prenant le v. 9. dont le P. M. n'avoit point parlé, non plus que de la premiere partie de ce paſſage qu'il luy fait expliquer contre eux, pour avoir lieu de le faire paſſer luy-meſme pour un inſigne calomniateur; & de faire cette longue & impertinente declamation, qui ne ſert pas tant à les juſtifier de ces reproches qu'on n'a jamais penſé à leur faire, qu'à donner de grands avantages à leurs ennemis, qui pourroient faire valoir contre eux cette vieille maxime.

Conſcius ipſe ſibi de ſe putat omni dici. Ie les tiens pourtant en cela pour gens d'honneur. Mais c'eſt une choſe étrange, que la paſſion nous rende quelques fois calomniateurs, lors meſme que nous nous plaignons de la calomnie, & que nous en accuſons les autres.

C'eſt ainſi que pour ne perdre pas les belles remarques qu'ils avoient
1. Cor. 15. faites ſur le paſſage de ſaint Paul, *Non ego autem ſed gratia Dei mecum.* Il veut qu'on l'ait produit en Chaire contre les Traducteurs: quoy que le pouvant faire avec aſſez d'avantage, on ait eu pourtant quelque raiſon particuliere de s'en abſtenir.

Le malheur de cet Ecrivain, eſt qu'apparemment il eſt un de ces anciens Solitaires de Port-Royal qui n'oſent paroiſtre en public, & qui ne ſortent point de ces retraites où ils ſe cachent, pour travailler à leur fauſſe monnoye, ſelon l'agreable peinture qu'on en fit au dernier Sermon. Il n'a donc pû écrire que ſur les memoires des faux Copiſtes, & des eſpions qu'on remarquoit aiſément par tout l'Auditoire, & qui ſoit par defaut d'eſprit, ſoit par excés de paſſion, ne tranſcrivoient que leurs chymeres & leurs viſions, au lieu des belles choſes que l'on entendoit, & qui ont pleinement perſuadé, comme il y paroiſt, les honneſtes gens.

Et ce qu'il dit des Interpretes n'eſt nullement à propos, parce qu'avec tout ce qu'ils ont dit dans leurs Commentaires qu'on n'eſt pas obligé de croire, ils ont laissé le texte sans y toucher, aussi bien que ces cinq grandes Assemblées, qui avoient sans doute les mesmes veües, & qui pourtant n'y ont rien changé pour en faire un nouveau. Mais ces Messieurs qui font profession dans leur Preface d'avoir une profonde veneration pour le texte de la Vulgate, ne laissent pas de le changer tres-souvent avec une incroyable hardiesse. Voicy bien davantage.

TROISIE'ME CHEF D'ACCVSATION.

SEPTIE'ME PASSAGE.

Ils ont inseré dans le texte Latin de la Vulgate, ce que ces Saints Peres ont declaré avoir esté corrompu dans le Grec. Car en S. Matthieu ch. 5. v. 22. ils traduisent comme a fait Geneve. *Omnis qui irascitur fratri suo, reus erit judicio. Quiconque (sans sujet) se mettra en colere contre son frere*, où l'on voit qu'ils transportent cet εἰκῆ *sans sujet*, du Grec vulgaire dans le texte qu'ils nous donnent pour la parole de Dieu. Cependant saint Ierôme dit nettement en cet endroit. *In quibusdam codicibus additur sine causâ, in veris definita sententia est, & ira penitus tollitur.* Qu'on a ajoûté en quelques Exemplaires cette parole, *(sans sujet)* mais que dans les vrays & conformes à l'original, l'affaire est decidée, & que la colere dont il s'agit, y est absolument defenduë. Et il le prouve ensuite par les paroles mesmes de nostre Seigneur, qui veut un peu plus bas, que nous fassions du bien à ceux-là mesme qui nous haïssent, à plus forte raison nous defend-il d'avoir de la haine & de la colere contre eux. C'est pourquoy saint Ierôme ajouste, *Radendum ergo est, sine causâ, ira enim viri justitiam Dei non operatur.* Il faut donc effacer cette parole *sans sujet*, car la colere de l'homme n'opere point la justice de Dieu. Et saint Augustin dit qu'il entend bien mieux qu'il ne faisoit cette sentence du Sauveur du monde; *Græci enim codices non habent, sine causâ, sicut hic positum est*, parce que les exemplaires Grecs n'ont pas, dit-il, cette parole *sans sujet*, qui se trouve dans mon exemplaire Latin. Il tasche neantmoins de luy donner un bon sens, au cas qu'elle y fust, mais ce n'est pas dequoy il s'agit. L'importance est, que S. Ierôme deputé par autorité du Pape pour revoir la Vulgate, & pour la remettre dans son premier estat, nous asseure que cette parole *sans sujet*, n'est point dans les vrais Exemplaires; & saint Augustin dit que les Grecs ne l'ont pas. Non seulement donc cet étrange mot ne se trouve pas dans la plusspart des exemplaires Grecs: *Græci codices id non habent*, dit saint Augustin & saint Ierôme, *in plerisque codicibus antiquis (sine causâ) positum non est*, mais il faut conclure de là par une suite necessaire, que ceux qui l'ont, comme nostre Grec vulgaire, ne sont pas les vrais Exemplaires. *In veris definita sententia est*, & par consequent que cette parole *(sine causâ)* est une dépravation toute evidente. Ce qui a fait dire au

In Cap. 5. Matth.

L. 1. retr. c. 19.

Adv. l. 2. Pelag.

P. Amelote qui traite admirablement ce sujet dans sa Preface, que c'est une manifeste corruption qui vient de quelque ennemy de la verité. Et cependant ces Traducteurs ont eu l'audace de la tirer du Grec declaré corrompu en cet endroit, pour l'ajouster au texte sacré, & pour en faire une partie, meslant ainsi la fausseté avec la verité, & par ce terrible mélange corrompant toute la parole de Dieu. Et il ne sert de rien de dire qu'on l'y a mise pour avertir qu'elle est dans le Grec. Cela estoit bon pour un Commentaire. Car puis qu'ils avoüent eux-mesmes dans leur Réponse, qu'il est incertain si le Grec est corrompu ou non, en cet endroit; on n'a pû sans attentat la transporter dans le texte de la parole de Dieu, qui ne souffre rien que de tres-certain. Que ne l'ont-ils releguée à la marge, comme ils ont fait si souvent le texte de la Vulgate, quoy qu'il soit tres-certain.

Part. 4. pag. 13.

Tout ce qu'il dit aussi des Interpretes & des Peres, dans un si grand nombre de pages fait aussi peu à nostre sujet. Les Interpretes ont dit leurs sentimens qu'on n'est pas obligé de suivre, & ils se sont bien gardé de mettre cette parole dans le texte. Pour les Peres, il ne s'agit pas de sçavoir s'ils l'avoient dans leurs Exemplaires, & s'ils l'ont expliquée. S. Ierôme & saint Augustin avoüent qu'ils y ont esté pris eux-mesmes, & qu'elle se trouvoit dans les leurs. Mais il faut voir si apres qu'on a sçeu que saint Ierôme ayant examiné la chose plus exactement, par l'ordre d'un saint & sçavant Pontife, a declaré qu'elle n'estoit point dans les vrais Exemplaires, & qu'ensuite ceux où elle se trouvoit estoient faux; qu'il la faloit donc effacer comme une fausseté manifeste, ce que l'Eglise a trouvé si juste, qu'elle l'a fait oster de son texte; il faut voir, dis-je, si apres tout cela, l'on a pû la rétablir, en la tirant du Grec falsifié pour la remettre dans le texte. Et c'est ce que je soustiens estre tout à fait insoustenable. Et quoy que j'eusse resolu d'épargner à l'Apologiste les falsifications qu'il a faites inutilement, parce qu'elles ne nous peuvent nuire, ne faisant rien du tout au point dont il est question: on ne peut pourtant s'empescher de luy reprocher sa mauvaise foy au sujet du P. Amelote. Car pour montrer qu'apparemment beaucoup plus d'anciens exemplaires avoient cet εἰκῆ (malgré ce que dit saint Ierôme) il asseure que de tous les Manuscrits que l'on a consultez depuis plus de 150. ans, & qui ont esté faits sur les anciens, il n'y en a qu'un seul qui ne l'ait pas, & que c'est le seul aussi que le Pere Amelote a pû alleguer; d'où vient qu'il seroit ridicule de ne pas appeller le texte Grec, celuy qui est dans tous les Manuscrits hors un seul. Cependant le Pere Amelote en sa Preface où il traite à fonds ce passage, apres avoir montré par le témoignage de saint Ierôme, que dés son temps cette exception se trouvoit dans quelques exemplaires, mais que ce n'estoit ni dans un grand nombre, ni dans les plus anciens, nous asseure que pour s'asseurer davantage, il a consulté les plus anciens Manuscrits du Vatican, & de toute l'Italie, & qu'il a trouvé que le mot εἰκῆ ne s'y lisoit point. Qu'il a consideré encore les Manuscrits Grecs, dont l'ancien Interpre-

te

te Arabe s'est servy pour faire sa version, & ceux de l'Interprete Ethiopien, mais que l'un ni l'autre ne l'y avoient aussi trouvé, & qu'il avoit appris de saint Augustin que les exemplaires Grecs qu'il avoit consultez ne l'avoient pas. N'est-ce pas là produire plus d'un exemplaire? A cela je n'ay rien à dire, sinon que je ne croiois pas que l'on pût écrire si hardiment une fausseté si manifeste.

QVATRIE'ME CHEF D'ACCUSATION.

MAis voicy la plus grande source de cette corruption generale qui s'est répanduë dans tout le corps de cet ouvrage. C'est qu'ils ont pris les explications & les sentimens particuliers des Interpretes, qu'ils ont crû plus conformes à leur sens, & à leur dessein, pour en faire un texte à leur mode. Car si cet abus a esté toûjours condamné en toutes sortes de sciences, où l'on ne souffriroit jamais qu'on substituast la Glose & le Commentaire en la place du texte: Que doit-on dire de celuy qui se commet par cette sorte d'infidelité dans l'Ecriture sainte, & dans la parole de Dieu, qui est toûjours la mesme, & qui doit estre inviolable, mesme jusqu'en ses points, & en ses plus petites parties. Comme ces Autheurs ont pû se donner la liberté de rejetter les explications de quelques Interpretes, & mesme souvent celles des Saints Peres, pour nous donner leurs conjectures qu'ils appuyent de l'authorité d'autres Docteurs: N'avons-nous pas le mesme droit & la mesme liberté de les abandonner, pour nous attacher aux sentimens des autres qui nous sembleroient plus raisonnables? Il est donc clair qu'aucun de ces sentimens ne peut estre pris en particulier pour la parole de Dieu, & pour le vray texte, qu'il n'est jamais permis de quitter, & qui est la regle de nostre foy. Tout ce que l'on peut pretendre avec quelque apparence de raison, est de leur donner place dans les Commentaires, comme ces Ecrivains l'ont pratiqué, en conservant toûjours pour le texte le respect qu'ils luy devoient, & en le laissant pur & entier comme ils l'avoient receu de l'Eglise, sans l'autorité de laquelle saint Augustin a bien osé dire qu'il ne croiroit pas mesme à l'Evangile. Outre qu'il arrive souvent que par son admirable fecondité il renferme & comprend dans la force de ses expressions mysterieuses, toutes les differentes explications qui ne se détruisent pas mutuellement par leurs contrarietez. Pourquoy donc nous les ravir? en donnant d'injustes bornes à l'étenduë de cette divine parole, lors qu'on l'attache à une interpretation particuliere qui nous dérobe les autres sens, qu'on pourroit découvrir dans le vray texe. Cette faute est si ordinaire à ces Messieurs, qu'elle se peut remarquer presque dans tous les passages qu'on leur reproche. Et c'est ce qui rend aussi la pluspart de leurs réponses vaines & illusoires, parce qu'ensuite de cela ils ne font qu'alleguer pour leur justification les sentimens des Interpretes, dont ils font inutilement une longue & ennuyeuse liste, qui ne sert à autre chose qu'à grossir leur ouvrage. Cela est bon pour un Commentaire, mais non pas pour le texte, comme on leur a dit si souvent, parce qu'on ne sçauroit trop le redire. Et en voicy encore quelques exemples.

HVITIEME PASSAGE.

En saint Luc 2. v. 14. *In terrâ pax hominibus bonæ voluntatis*, selon le vray Grec εὐδοκίας. Ce mot, comme tous ceux qui entendent le Grec en conviendront avec moy, & comme on peut voir dans le Thresor, signifie certainement une bonne inclination, une sincere & affectueuse volonté que l'on a pour quelqu'un. Et parce que l'Ecriture sainte l'employe assez ordinairement, quand il s'agit de l'amour de Dieu envers les hommes; plusieurs l'ont interpreté en ce lieu, de cet amour, & de cette bonne volonté de Dieu envers les siens. Mais il y en a d'autres, & en aussi grand nombre, qui l'interpretent aussi de celle des hommes, comme ont fait le docte Lyranus, & le venerable Bede, apres saint Augustin, & saint Ierôme. Cependant il a plû à ces nouveaux Traducteurs de s'attacher uniquement à la premiere interpretation. Ie ne le condamnerois peut-estre pas dans un Commentaire; mais on ne sçauroit souffrir sans une espece de prevarication, qu'ils transportent la glose dans le texte, en traduisant comme ils ont fait, *Et paix sur la terre aux hommes chéris de Dieu.* Saint Ierôme sçavoit admirablement le Grec & le Latin; il entendoit parfaitement le langage de l'Ecriture, & avoit sans doute le discernement aussi delicat que ces nouveaux Docteurs. Il pouvoit donc par le mesme droit que ces Messieurs se sont attribué, traduire comme eux *hominibus Deo dilectis.* Il auroit pû mettre aussi selon l'autre explication, *hominibus habentibus bonam voluntatem.* Mais comme bon & fidele traducteur, il n'a voulu suivre ny l'un ny l'autre de ces deux partis. Et apres avoir bien examiné cette parole εὐδοκίας, luy qui proteste qu'il a restabli le Nouveau Testament sur le vray Grec, il l'a renduë fidelement dans toute l'étenduë de sa signification, & des explications qu'on luy peut donner, sans s'attacher a aucune en particulier pour la faire entrer en la place du texte.

Par. 1. *pag.* 13. *Par.* 2. *pag.* 10. Mais ce qu'il y a de plus surprenant, est que l'Apologiste a bien osé soûtenir que le vray & l'unique sens qu'on peut donner à ce mot Grec εὐδοκίας, est celuy qu'on a exprimé en traduisant *aux hommes cheris de Dieu*; d'où il conclut, qu'en traduisant literalement *aux hommes de bonne volonté*, c'est traduire faussement; parce que ces mots en François n'expriment qu'un sens faux; & qui n'est point certainement celuy de l'Ecriture. Voila sans mentir une insupportable temerité, & une censure peu judicieuse, pour ne rien dire de plus fort. Car qui ne voit qu'elle retombe sur la traduction Latine de la Vulgate, aussi bien que sur la Françoise? puisque la version Latine *hominibus bonæ voluntatis*, est la mesme chose mot pour mot que la Françoise, *aux hommes de bonne volonté*; & que si ceux qui n'entendent que le François, ne peuvent entendre, comme il dit, autre chose par ces paroles, que les hommes qui ont une bonne volonté : ceux aussi qui ne sçavent que le Latin, ne pourront comprendre autre chose par les mesmes paroles. Car asseurement la phrase Latine ne marque pas plus clairement que la Françoise, l'amour & la bonne volonté de Dieu envers les hommes, qui est, à ce qu'il dit, le vray, le naturel, & le seul & unique sens de ce mot εὐδοκία. Ainsi selon l'Apologiste, traduire comme a fait nostre Interprete, c'est traduire faussement; la Vulgate à son avis n'exprime qu'un sens faux, & qui n'est point celuy de l'Ecriture. Et en suite toute l'Eglise autorise la fausseté. Dans quel horrible abysme se va-t-il aveuglément precipiter! Et peut-on suivre apres cela ces aveugles qui entreprennent d'en conduire d'autres, pour les faire tomber avec eux dans le precipice, où ils se jettent en desesperez, en condamnant d'erreur toute l'Eglise.

Mais comment pourra-t-il prouver ce qu'il avance avec tant de hardiesse? que le seul sens que peut souffrir le Grec, est celuy qui exprime la bonne volonté de Dieu. Ie luy ay déja soûtenu que ce mot εὐδοκία; comme il le peut apprendre de ceux qui entendent le Grec, signifie une bonne & affectueuse volonté envers quelqu'un, sans qu'il détermine precisément de qui elle est, si c'est de Dieu envers les hommes, ou bien des hommes envers Dieu. Tout ce qu'il peut dire à cela, est que du moins dans l'Ecriture il n'est employé que pour exprimer la bonne volonté de Dieu. Car il a trouvé cela dans un Interprete, & il s'en fait honneur. Mais si je luy fais voir que sans sortir du Nouveau Testament, ce mot y exprime plus d'une fois la bonne volonté des hommes; & si je le contrains d'avoüer que les Traducteurs mesme ont esté obligez de l'interpreter de la sorte, ne sera-ce pas le confondre? Ouy sans doute; Il faut donc qu'il souffre, s'il luy plaist, cette confusion sans murmurer, puis qu'il se l'est attirée si justement. Qu'il lise saint Paul aux Philippiens chap. 1. v. 15. il y trouvera, *Quidam quidem & propter invidiam & contentionem, quidam autem & propter bonam voluntatem Christum prædicant.* Le Grec τινὲς δὲ καὶ δι' εὐδοκίαν. Qu'il consulte ses Traducteurs. *Il est vray que quelques-uns preschent Iesus-Christ avec un esprit d'envie, & de contention; & que les autres le font avec une bonne volonté & un bon zele.* Est-ce à la bonne volonté de Dieu, ou à celle des hommes envers Dieu, que se rapporte icy εὐδοκία? qu'il réponde precisément à cette instance, s'il croit le pouvoir faire, & s'il ne le peut, qu'il reconnoisse du moins avec humilité sa precipitation, & son ignorance. *Part. 2. pag. 10.*

Aux Romains ch. 10. v. 1. *Fratres voluntas quidem cordis mei & obsecratio ad Deum fit pro illis ad salutem.* Le Grec ἡ μὲν εὐδοκία τῆς ἐμῆς καρδίας. *Il est vray, mes freres,* disent les Traducteurs, *que je sens dans mon cœur une grande affection pour le salut d'Israël.* Ne voit-on pas icy l'affection & la bonne volonté d'un homme pour les autres, & le deſir ardent de leur ſalut, exprimez par ce mot εὐδοκίας? Il n'eſt donc pas vray ce qu'il produit de Tirinus, que cette parole dans l'Ecriture ne ſe dit jamais que de Dieu, pour exprimer ſon amour, & ſa bonne volonté envers les hommes. Cet Interprete Ieſuite, quoy que tres-ſçavant, s'eſt icy trompé ſans doute, ayant oublié de conſulter le Grec ſur ces deux paſſages, où il eut trouvé cet εὐδοκία dans un autre ſens, pour la bonne volonte des hommes. Et cela fait voir à l'Apologiſte d'une part, que je ſuis ſincere; & de l'autre, qu'il ſe faut bien garder de prendre l'explication & la parole des hommes qui ſe peuvent tromper, pour celle de Dieu, qui eſt infaillible.

Mais puiſque je ſuis maintenant en humeur, auſſi bien qu'en droit de confondre cet Advocat d'une cauſe déja perduë; il faut que par occaſion je découvre icy ſa mauvaiſe foy ſi clairement, qu'on ne ſoit jamais tenté de le croire, quand il ſoûtient une fauſſeté auſſi hardiment qu'il le fait preſque en tous ſes écrits. Cet homme donc entre pluſieurs Interpretes qu'il cite, pour montrer qu'on ne peut rapporter à la bonne volonté des hommes, le mot Grec εὐδοκία, produit le témoignage de Barradius ſur le meſme lieu, où il dit, *In terrâ pax hominibus bonæ voluntatis, divinæ, vel beneplaciti divini, id eſt, quos Deus amat, & gratos jam habet*; De la bonne volonté de Dieu, ou de ſon affection gratuite, c'eſt à dire, ceux que Dieu aime, & qui luy ſont agreables. Voyons ſi cette copie eſt conforme à ſon original dans Barradius meſme, to. 1. liv. 8. c. 19. Apres avoir établi le vray texte, qui porte εὐδοκίας, & non pas comme le Grec vulgaire εὐδοκία; cet Interprete dit, *triplicem vero ſenſum probabilem continet*: Cette parole contient trois ſens qui ſont tous probables. *Primus vulgatus bonam voluntatem tribuit hominibus hoc pacto, in terrâ pax hominibus habentibus bonam voluntatem. Ita Auguſt. interpretatur & Hieronimus ep. 29. ad Theodor.* Le premier, qui eſt le plus connu & le plus commun rapporte la bonne volonté aux hommes en cette maniere; *& ſur la terre paix aux hommes qui ont une bonne volonté. C'eſt ainſi que l'interpretent ſaint Auguſtin & ſaint Ierôme.* Et il ajoûte enſuite: *Secundus ſenſus bonam voluntatem ad Deum refert hoc modo, in terrâ pax hominibus bonæ voluntatis divinæ, vel beneplaciti divini, id eſt quos Deus amat & gratos jam habet, &c.* Le ſecond applique ainſi cette bonne volonté à Dieu, *Paix ſur la terre aux hommes de la bonne volonté de Dieu, ou de ſon affection gratuite*, c'eſt à dire, *ceux que Dieu aime*. De ſorte que l'Apologiſte ſupprimant ce que cet Autheur dit du premier ſens, qu'il appelle le plus commun, & diſſimulant qu'il en produiſe un ſecond: il nous donne la ſimple expoſition que l'Interprete fait de celuy-cy, comme une preuve qu'on ne peut rapporter cette parole qu'à la bonne volonté de Dieu, & que le ſens qu'on exprime dans la traduction, eſt l'unique ſens de l'Ecriture; quoy que ce ſçavant Interprete en mette encore un troiſiéme, & qu'il ne ſe determine a aucun des trois en particulier, parce qu'il les tient tous probables,

L. 14. de Civit. c. 8.

bles, & que ce mot εὐδοκίας, selon luy les contient tous trois. Apres cela peut-on lire encore l'Apologiste avec quelque reste de bonne opinion pour luy ? Et n'est-on pas persuadé que c'est avec beaucoup de soin qu'il s'applique à corrompre ce qu'il allegue, pour tromper son Lecteur avec plus d'adresse, puis qu'en retranchant ce qu'il luy plaist, il produit pour soy les endroits qui contiennent tout le contraire de ce qu'il pretend.

Ie luy demande icy qu'il me dise de bonne foy, si tous ces magnifiques eloges qu'il a donnez au P. M. si ces invectives, & ces injures, & ces grands mots si outrageux, qui blessent si fort le sens & la maniere d'agir des honnestes gens, ne pouvoient pas dans une si juste occasion estre repoussez contre luy par un homme de son humeur. Mais ce n'est pas là mon genie ny ma façon d'écrire, & je ne répondray à ce procedé si peu Chrestien, qu'en l'avertissant charitablement, comme je fais, que sans faire tort à sa cause il pourroit conserver un peu plus de moderation; & que s'il pouvoit prendre un air plus doux, plus civil, & plus honneste, il ne se rendroit pas si fascheux, & si insupportable aux gens d'honneur.

Ie pourrois mesme souvent le convaincre d'une pareille sorte d'infidelité : mais je luy veux épargner cette honte; parce que ce qu'il cite bien ou mal, dans les longues listes d'Autheurs dont il remplit inutilement son ouvrage, ne fait rien du tout à nostre sujet; & que quand ils auroient des sentimens conformes au sien touchant le sens des passages contestez, tout cela n'auroit lieu que dans une glose & un Commentaire, & nullement dans le texte. Cette verité que le P. M. a si souvent repetée dans ses Sermons, est si forte & si puissante, qu'elle détruit tout cet ouvrage, sans qu'on y puisse faire aucune solide réponse: Et ces vaines citations qu'on fait si peu à propos de tant d'Interpretes en cette occasion, ne peuvent estre receuës que de ceux qui sont assez simples pour se laisser donner le change. Voila pourquoy je ne diray plus qu'un mot des autres exemples qui ont tous la mesme force, & qui ne demandent pas un plus grand éclaircissement que celuy-cy; & je n'y en ajoûteray que deux ou trois, parce que l'on peut découvrir le mesme vice dans la plufpart des passages qu'on leur reproche d'avoir corrompus.

NEVFIEME PASSAGE.

Heb. 2. v. 16. Nusquam enim Angelos apprehendit, sed semen Abrahæ apprehendit, Ils ont trouvé dans des Interpretes que le mot Grec ἐπιλαμβάνεται, contient une metaphore tirée de celuy qui prend par la main un homme qui fuit, ou qui se perd, pour le ramener; ou pour le delivrer; & en suite qu'il signifie delivrer. Cela est bon. Mais l'interpretation la plus commune, comme ils en conviennent eux-mesmes, est qu'il signifie aussi l'union du Verbe avec la Nature humaine; ce qui est tres-conforme à la mesme metaphore rapportée par saint Iean Chrisostome; car celuy qui prend quelqu'un pour le delivrer, s'attache, s'unit, & s'applique à luy.

Que font icy ces Messieurs de Mons ? Ils s'attachent uniquement à cette premiere explication, & en forment un nouveau texte, *Car il ne s'est pas rendu le Liberateur des Anges, mais il s'est rendu le Liberateur de la race d'Abraham.* Il pouvoit estre son Liberateur sans s'unir à elle. Ils n'expliquent donc que l'effet, sans y ajouster le moyen, par voye d'union, ce que le texte signifie, selon l'interpretation commune, qui est aussi de plusieurs Peres.

Si donc le mot de *prendre* ne leur sembloit pas assez fort, ni d'une assez grande estenduë pour exprimer le sens de l'Apostre : ils devoient pour comprendre tout, en demeurant toûjours dans la mesme metaphore, & se servant mesme du passé, comme ils ont fait, ils pouvoient, disje, & ils devoient traduire, *car il ne se trouve point* (& voila ce *nusquam* qu'ils ont laissé) *qu'il ait pris la nature angelique pour la delivrer.* Car il faut qu'ils sçachent que prendre une nature pour s'unir à elle, de la maniere que le verbe a fait, est une expression consacrée parmy les Chrestiens, comme beaucoup d'autres semblables, dont nous nous servons tous les jours, dans les discours de pieté & de religion, sans blesser la pureté de nostre langue. Et la mauvaise foy de l'Apologiste paroist encore icy, en ce qu'ayant dissimulé cette correction qu'on a faite en chaire, & voulant neantmoins montrer qu'ils ont bien traduit, il en produit quatre autres qu'il propose comme ridicules, & dont on n'a jamais parlé.

DIXIE'ME PASSAGE.

Cette mesme faute se voit dans la version de ces paroles. *Ioan. 8. v. 25. Tu quis es? Principium qui & loquor vobis.* Car si ce Traducteur qu'on produit eternellement, & qui a eu le malheur de voir, que ni sa traduction, ni ses approbateurs n'ont pas esté approuvés dans la Sorbonne, a formé son texte d'une explication particuliere tirée du Grec qui est icy embarassé : ceux de Mons ont fait aussi le leur d'une autre interpretation qui leur plaisoit davantage. L'une de ces versions porte, *Ie suis le mesme que je vous ay dit estre dés le commencement, celuy qui parle à vous.* C'est là le sens que quelques-uns donnent à ces paroles de saint Iean. L'autre dit, *Ie suis dés le commencement, & c'est ce que je vous dis.* C'est l'interpretation d'un celebre Autheur. Cela est bon pour un Commentaire, & non pas pour le texte. Il faloit suivre le nôtre qui comprend tout cela, & beaucoup plus quand on dit, *Qui estes-vous ? Ie suis le Principe qui vous le dis encore :* car s'il est le Principe, il est dés le commencement, mais pour estre au commencement, il ne s'ensuit pas qu'il soit le Principe, comme il paroist clairement dans le Saint Esprit, qui est dés le commencement, & qui pourtant n'est pas Principe en Dieu comme le Fils. Voila ce qu'on a dit, & à quoy l'on ne répond pas.

Voyez les Registres de la Faculté.

C'est ainsi qu'ils ont traité un grand nombre d'autres passages, ou d'une explication que l'on peut suivre, ou ne pas suivre, ils en ont formé le texte. Et cette source de corruption se découvre en tant de lieux, & particulierement dans les Epistres de saint Paul, & sur tout dans l'Epistre aux Romains ; qu'on peut dire que cette version ne contient rien moins que la parole de Dieu, qu'elle nous promet si magnifiquement dans la Preface. Et pour montrer que c'est en vain qu'on a fait tout ce grand discours, de la necessité qu'il y a de determiner un sens dans nostre langue, sous pretexte qu'elle ne peut souffrir ces sens suspendus, ni égaler l'étenduë & la fecondité des autres ; pour faire voir, dis-je, que de semblables détours ne sont que de pures illusions: *Part. 2.*

CINQVIE'ME CHEF D'ACCVSATION.

ON les accuse en cinquiéme lieu, d'avoir tellement affecté de faire venir le texte à leur sens, & de l'y fixer ; que quand ils l'ont pû rendre par des termes tres-purs, & tres-françois qui correspondent à ceux qu'on y lit, & qui signifient la mesme chose ; ils y en ont ajoûté de nouveaux qui le resserrent, en retranchant une partie de ce qu'il contient ; & qui font tout un autre sens que le texte.

ONZIE'ME PASSAGE.

Rom. 6. v. 16. *Nescitis quoniam cui exhibetis vos servos ad obediendum servi estis ejus cui obeditis, sive peccati ad mortem, sive obeditionis ad justitiam.* Ne sçavez-vous pas que vous estes les esclaves de celuy à qui vous vous soumettez pour luy obeïr, soit du peché pour la mort, soit de l'obeïssance pour la justice. Voila la belle antithese de l'Apostre, qui oppose l'obeïssance au peché, qui est de sa nature une desobeïssance à la loy de Dieu. Il y a dans le Grec ὑπακοῆς comme dans le Latin *obeditionis*, & l'un & l'autre est parfaitement exprimé par le mot d'obeïssance, qui est tres-pur, & tres-françois, & qui comprend aussi bien que le Grec, & le Latin, la soumission de l'entendement par la foy, & celle de la volonté par l'accomplissement de la loy de Dieu. Et de toutes les deux resulte la justice & la justification de l'ame. Il n'y avoit donc rien de plus aisé que de traduire en rendant tres-fidelement & tres-clairement le sens de l'Apostre, par les mesmes mots, *Soit du peché pour la mort, soit de l'obeïssance pour la justice*, où s'ils le veulent, *soit du peché qui donne la mort, soit de l'obeïssance qui justifie.* Voyez comme ils traduisent, *soit du peché qui donne la mort, soit de la foy qui justifie ceux qui luy obeïssent.* N'est-ce pas là ajoûter une parole au texte, pour restreindre la signification de l'obeïssance, en la determinant à un seul point qui est la foy ? Ie veux qu'il y en ait qui l'expliquent de la foy, ils ne sçauroient nier qu'on ne l'explique aussi communément de la soûmission de la volonté, par l'exacte fidelité à obeïr à la loy de Dieu, ils devoient donc mettre comme il y a dans le Grec, & dans le Latin, le mot *d'obeïssance*, qui comprend la soûmission de la volonté, aussi bien que celle de l'entendement. Tout ce grand dis- *Part. 6.*

cours de l'Apologiste en la page 17. ne sert à autre chose qu'à faire voir l'embarras où il est tombé, quand il a pretendu qu'on ne peut dire qu'on soit esclave de l'obeïssance. Car comme on peut se soûmettre au peché, qui est la desobeïssance mesme, on peut aussi s'assujettir à son devoir, qui est l'obeïssance qu'on doit à la foy, & aux Commandemens de Dieu; & celle-cy peut estre aussi bien representée comme une maîtresse, que l'iniquité, qu'il dit que l'Apostre nous represente en cette qualité. Il n'y a rien de si commun dans le langage de la pieté, où il ne paroist pas que cet homme soit fort versé. Ce qu'il y a d'agreable, est qu'il pretend qu'on donne des loüanges aux Traducteurs, pour avoir pris beaucoup de peine à bien exprimer le sens de l'Apostre, en choisissant d'autres paroles que les siennes, qui ne peuvent les satisfaire, & prenant celles d'Estius qui l'explique ainsi dans son Commentaire. Mais on soustient que ce n'est pas là tout le vray sens, puis qu'il n'exprime qu'une partie de ce qu'on peut entendre par le terme de S. Paul. J'ay donc raison de conclure, & de soustenir comme je fais, qu'on ne doit pas inserer dans le texte une interpretation particuliere, puis qu'on la peut contester. Il faloit laisser la lettre en sa place, & renvoyer à la marge leur Paraphrase, & cette explication d'Estius, à laquelle on eut fait le traitement qu'on eut voulu.

Ajoustez à cela, que le beau tour qu'ils ont donné à ces paroles dans leur version (*soit de la foy qui justifie ceux qui luy obeïssent*) favorise assez adroitement l'erreur des Calvinistes qui veulent que la seule foy justifie sans les bonnes œuvres. Car quand on reduit à la seule foy le mot d'obeïssance qui enferme encore les bonnes œuvres par la soûmission à la loy de Dieu; il est tout clair qu'on exprime la mesme chose, quoy que le mot de *seule* ne soit pas dans la version. Qu'on lise maintenant ce que cet homme toûjours chagrin, & toûjours en colere écrit en la page 17. & 18. & l'on verra qu'il ne voit pas seulement ce qu'on luy propose, ou qu'il s'éloigne à plaisir de l'objection qu'on luy a faite. Car voicy l'argument qu'il fait faire au P. M. & qu'il appelle abominable.

Quiconque dit que la foy justifie, fait assez entendre par là que c'est la foy seule qui justifie, & ainsi établit la doctrine de Calvin touchant la justification.

Or il est dit dans cet endroit de la traduction de Mons, que la foy justifie.

Donc on a voulu établir en cet endroit, la doctrine de Calvin touchant la justification.

Voila l'argument qu'il fabrique & qu'il suppose au P. M. pour avoir beau jeu d'y répondre. Mais c'est se répondre à soy-mesme, en combattant vaillamment sa propre chymere. Car voicy l'argument du Pere auquel ce vaillant champion ne répond pas.

Quiconque trouvant dans saint Paul un terme qui enferme la foy, & les bonnes œuvres qui justifient, le restraint à la foy, sans parler des bonnes œuvres; favorise l'erreur des Calvinistes, en le reduisant à la seule foy.

Or

Or c'eſt ce que Meſſieurs de Mons ont fait dans leur verſion, ou plûtoſt dans leur paraphraſe.

Donc ils ont en cela favoriſé l'erreur des Calviniſtes, ſoit qu'ils l'ayent voulu faire ou non, Dieu jugera de leur intention.

Quand l'Apologiſte aura répondu bien preciſément à cet argument, je ſouffriray qu'il le traite comme il luy plaira, comme il a eu droit de traiter d'abominable celuy qu'il a fait pour le P. M. afin d'y répondre à ſon avantage.

Mais cela n'eſt qu'un incident à cet article, le poinct dont il s'agit icy, eſt preciſément qu'ils ont ajouſté des paroles au texte, pour en determiner le ſens, & pour luy oſter toute l'étenduë qu'il a dans le terme dont s'eſt ſeruy le ſaint Eſprit.

DOVZIE'ME PASSAGE.

C'eſt ce qui paroiſt encore en ce paſſage de S. Paul. *2. Cor. c. 11. v. 3. Timeo ne corrumpantur ſenſus veſtri, & excidant à ſimplicitate quæ eſt in Chriſto. I'apprehende que vos eſprits ne ſe corrompent, & ne degenerent de la ſimplicité de la foy en* Iesus-Christ. Ce mot *de la foy*, y eſt ajouſté, & determine le ſens à une ſeule eſpece de la ſimplicité que S. Paul met icy en general. Car les Autheurs meſmes que noſtre homme cite, comme Cornelius, & Eſtius, avoüent ſelon l'explication de pluſieurs, que les faux Apoſtres dont on parle en ce lieu cy, ne meſloient pas ſeulement des erreurs dans la doctrine qu'ils preſchoient, mais auſſi qu'ils pretendoient preſcher d'une maniere plus ſublime & plus agreable que celle de ſaint Paul. Il avoit donc ſujet de craindre que les uns ne perdiſſent la ſimplicité de la foy, les autres, celle qui eſt oppoſée à une vaine curioſité d'oüir des choſes extraordinaires, & quelques-uns, toutes les deux enſemble. Voila pourquoy il ſe ſert du mot general, *à ſimplicitate quæ eſt in Chriſto*. De la ſimplicité qui eſt en Iesus-Christ.

Mais quand nous n'aurions pas cette lumiere, ce n'eſt pas à nous de rien ajouſter à l'Ecriture, pour determiner un mot general à quelque ſens particulier, ſous pretexte de faire entendre le vray ſens. Cet homme n'apprendra-t-il jamais qu'on ne met pas la gloſe dans le texte, & que c'eſt dans un Commentaire qu'on expoſe le ſens qu'on croit devoir eſtre donné à quelque mot de l'Ecriture. Car comme l'on en peut donner pluſieurs, ſi chacun veut metre le ſien dans ſa verſion: nous aurons mille Bibles toutes differentes entre elles, & nous n'aurons pas la veritable. Voila ce qui détruit invinciblement tout ce qu'il a dit dans les deux dernieres pages de ſon ouvrage, où il ne répond rien au ſujet de ce qui avoit eſté dit. Produiſons encore un autre exemple ſur la meſme choſe.

TREIZIE'ME PASSAGE.

2. Philip. v. 4. Non quæ ſua ſunt ſinguli conſiderantes, ſed ea quæ aliorum, ne conſiderant pas chacun en ſon particulier ſes intereſts, mais ceux des autres. Voila la haute perfection de la charité, qui comme dit ailleurs le mesme Apostre, *Non quærit quæ sunt*, ne cherche pas ses interests, & qui fait en suite qu'on abandonne tout le temporel, jusqu'à sa propre vie, pour le bien spirituel, & mesme, pour le temporel des autres, comme l'ont fait tant d'hommes apostoliques.

Quelle difficulté y avoit-il de traduire nettement ces paroles en nô-
3. Par. p. 10. tre langue? Leur laissant toute l'étenduë, & toute la perfection qu'elles contiennent, & que la version du P. Amelote qu'on oppose icy, sans sçavoir ce qu'on fait, exprime manifestement; puis qu'elle porte qu'on doit preferer l'interest des autres au sien propre.

Cependant ces Messieurs de Mons en ajoustant une parole au texte, nous donnent un sens tout contraire, lequel bien loin d'exprimer la perfection de la charité, la resserre extremement, & la fait descendre dans le plus bas degré, quand ils traduisent, *Que chacun n'ait pas seulement soin de ce qui le regarde, mais aussi de ce qui regarde les autres.* Et ils ajoutent ce mot, *seulement*, sous pretexte qu'il y a dans le Grec une particule qui le presuppose, disant hardiment sur une simple conjecture, que les Copistes pourroient bien l'avoir omise par mégarde dans le Latin. Mais outre que c'est entreprendre de corriger le texte en un passage de cette importance, & où les cinq Assemblées n'ont osé toucher; il faut avoüer, que puis que le Docteur Estius leur grand oracle, les avertit que cette particule, καὶ, est surabondante icy, & ne signifie rien du tout; il est du moins incertain si elle sert à quelque chose, comme ils en conviennent eux-mesmes, en deferant autant qu'ils font à l'autorité de cet Interprete. Comment donc osent-ils reformer le texte sur une incertitude? Et donner pour l'infaillible parole de Dieu, ce qui est simplement douteux? Voila ce qu'on a repris, & non pas d'avoir esté d'un avis contraire à celuy de ce Docteur. Ils pouvoient bien nous donner le leur dans une petite note à la marge, mais non pas en faire le texte. Et il ne sert de rien de dire que l'on a mis ce mot en autre lettre. Geneve a fait la mesme chose aussi bien qu'eux, en mille endroits, mais elle n'a pas moins corrompu l'Ecriture par cet artifice. Il n'est pas permis d'alterer le texte en quelque caractere que ce soit; outre que dans une autre edition tous les caracteres deviendront semblables.

Part. 2. p. 4. C'est inutilement aussi qu'on a fait cette grande Apologie, pour se justifier du reproche qu'on leur a fait, de ce qu'ils ont mis le sens, au lieu de rendre mot à mot. Ce n'est pas cela qu'on leur a reproché. On se plaint au contraire, de ce qu'ils n'ont pas mis le sens, soit en mettant des explications particulieres qu'on peut ne pas suivre, soit en ajoûtant certaines paroles qui font un sens tout different. Mais voicy quelque chose encore de plus important à leur reprocher.

SIXIE'ME CHEF D'ACCVSATION.

QV'ils se sont conformez à la version de Geneve, avec une affectation suspecte & odieuse, dans les passages qu'on luy a reproché d'avoir falsifiez pour favoriser ses erreurs, & qu'ainsi ils luy ont laissé les armes dont elle se sert contre nous, & nous ont arraché celles que nos Docteurs ont employées assez heureusement pour les combatre.

Ie ne dis pas que ces armes soient invincibles, ny qu'on ne puisse en quelque sorte parer à leurs coups : Ie sçay bien que quand les passages que ceux de Geneve nous opposent se trouveroient tels qu'ils les produisent, on pourroit encore les expliquer aisément en faveur des veritez Catholiques, & les tourner mesme à nostre avantage, par le moyen de quelques distinctions claires & solides. Ie ne dis pas aussi que ces Traducteurs veüillent par là s'entendre avec eux pour soûtenir les mesmes heresies. Ce n'est pas dequoy il s'agit, & tous ces grands discours qu'on a faits sur ce poinct là, ne sont que des amusemens & des détours qui ne font rien du tout à l'état de la question. Ce que je soûtiens fortement, est que l'on n'a pas deû traduire infidelement ces passages, comme a fait Geneve, afin qu'elle n'ait pas cet avantage de trouver parmi nous les armes dont elle pretend nous combatre ; & de nous oster celles dont plusieurs excellens Docteurs ont crû se pouvoir servir utilement. Et certes, n'est-il pas déplorable qu'on nous vienne dire aujourd'huy du milieu de Geneve, où le Nouveau Testament de Mons est fort bien receu ; il paroist bien maintenant qui de nous a toûjours eu la parole de Dieu. Ce que vos Peres nous ont si souvent reproché d'avoir falsifié dans nostre Bible, le voila dans la vostre ; & vous avez esté obligé de reformer enfin vostre version sur la nostre. Voila ce que Messieurs nos Traducteurs ont fait en faveur de Geneve, en nous donnant dans leur traduction un texte tout semblable au sien dans beaucoup de passages contestez : En voicy pour exemple deux ou trois.

QVATORZIE'ME PASSAGE.

En la 1. de saint Iean c. 3. v. 21. *Si cor nostrum non reprehenderit nos, fiduciam habemus ad Deum.* Si nostre cœur ne nous condamne point, nous avons de la confiance devant Dieu. Il y a dans le Grec παῤῥησίαν, & ce mot ne signifie pas seulement une liberté hardie de parler, comme le croit l'Apologiste ; mais aussi une grande confiance, d'où nous vient cette liberté. Et nous l'avons sans doute dans la priere, quand nous allons à Dieu avec beaucoup de confiance. Or ceux de Geneve au lieu de cela ont substitué le mot *d'asseurance*, comme on leur reproche il y a long-temps, parce qu'ils en pretendent tirer avantage pour appuyer leur heresie, par laquelle ils veulent que les fideles soient asseurez de toute certitude, & de leur salut pour l'avenir, & pour le present, de l'état de grace & de Iustice; cequi est clairement contre saint Paul, qui dit, *Nihil mihi conscius sum*; voila justement *mon cœur ne me condamne pas. Sed non in hoc justificatus sum: Mais il ne s'ensuit pas pour cela que je sois justifié.* Il n'est donc pas asseuré de sa justification, quoy qu'on en puisse avoir quelque certitude.

Or Messieurs de Mons ont traduit comme Geneve, en nous donnant *de l'asseurance*, au lieu *de la confiance*; & je soûtiens que c'est ce qu'ils n'ont pas deû faire; parce que quelque intention qu'ils ayent euë, de quoy je ne juge pas, ils luy fournissent une expression dont elle se sert pour établir sa certitude pretenduë. C'est ce qu'on a repris,
4. Par. p. 7. & c'est à quoy ils ne répondent pas. Ainsi tout ce grand discours que l'Apologiste fait en ces quatre ou cinq pages, répond à tout ce que l'on ne dit pas, & ne répond point du tout à ce qu'on leur avoit objecté.

C'est encore la faute qu'il a faite dans cet autre passage, ou en dissimulant, & en supprimant le poinct essentiel de l'accusation, il fait parler les gens selon sa coustume, de la maniere du monde la plus foible, & la plus impertinente: pour avoir lieu d'insulter, comme il fait avec outrage sur l'objection, & de refuter des raisonnemens qu'il suppose, & des extravagances dont il est le seul autheur.

QUINZIE'ME PASSAGE.

Car dans le passage de saint Marc c. 3. v. 16. *Et imposuit Simoni nomen Petrus*, & il donna à Simon le nom de Pierre; on a reproché à Geneve d'avoir ajoûté apres Beze *Simon le premier*, qui n'est ny dans le Latin, ny dans le Grec; afin que quand les Catholiques prouvent la primauté de saint Pierre par saint Mathieu 10. où saint Pierre est mis le premier, quoy qu'il ne s'agisse point d'imposition de nom; ils puissent dire en expliquant saint Mathieu par saint Marc, qu'il est seulement le premier auquel un nouveau nom fut imposé, mais non pas le premier en dignité.

Cependant la traduction de Mons a suivi cet exemple, en ajoûtant *le premier fut Simon*; & l'on a mis à la marge: *C'est ce que portent quelques exemplaires Grecs que Beze mesme a suivis.* En verité il est assez surprenant qu'on entreprenne de reformer le texte de l'Evangile sur une vision de Beze, & sur des exemplaires qui ne se trouvent point du tout, & qu'il dit seulement qu'Erasme a veus. Cependant Erasme dans sa version n'a pas mis ce mot de *premier*, duquel Beze pretend tirer avantage pour combatre la doctrine de l'Eglise. Car il dit par une plaisante conjecture, que quelque Papiste pourroit bien avoir ajoûté ce mot de *premier* au passage de saint Mathieu, dont on se sert pour établir la primauté de saint Pierre; mais qu'il ne doute point du tout qu'il ne doive estre remis dans le passage de saint Marc, d'où quelque Papiste, selon luy doit aussi l'avoir osté. Et l'on dira encore que *Beze mesme* a suivi ces exemplaires. Ne voila pas un *mesme*, bien placé? L'Apologiste ne combat-il pas icy vigoureusement le phantôme qu'il

a

a pris la peine de se forger à luy-mesme? Et n'est-il pas extremement adroit à détourner les coups qu'on avoit portez tout droit au cœur de ses Maistres, en feignant seulement de n'y avoir pas pris garde. C'est ainsi que les faux braves acquierrent beaucoup de gloire sans peril, en cherchant les ennemis là où ils sont asseurez qu'ils ne les rencontreront pas. Voicy encore un autre coup d'adresse en faveur de ceux de Geneve.

SEIZIE'ME PASSAGE.

2. Pet. 1. v. 15 *Dabo autem operam & frequenter habere vos post obitum meum, vt horum memoriam faciatis.* Suivant l'interponction qui se trouve dans les exemplaires Grecs & Latins, où la virgule est mise apres *post obitum meum*, il faut traduire : I'auray soin de vous avoir souvent dans l'esprit apres ma mort, afin que vous vous souveniez de ces choses. Plusieurs Docteurs Catholiques des plus anciens se sont servis de ces paroles, pour prouver que les Saints avoient soin de nous apres leur mort. Et saint Chrysostome, qui certainement entendoit le Grec, & qui sçavoit où la virgule devoit estre, entend ainsi ce passage ; & dans le Sermon de saint Pierre & de saint Paul to. 6. de l'edition de Paris 1624. s'adressant à saint Pierre, il le prie de tenir la parole qu'il nous a donnée de se souvenir de nous apres sa mort. Calvin & Beze pour éviter ce coup ont changé l'interponction du Grec, & ils ont osté la virgule de sa place, pour la mettre apres le σπουδάσω δὲ, *dabo autem operam.* Ils soûtiennent aussi que cét *habere* signifie *posse* : & en suite Geneve traduisant comme eux, dit : *Ie mettray peine qu'apres mon département aussi, vous puissiez continuellement vous ramentevoir ces choses,* Voila ce qu'on luy reproche. Et Messieurs de Mons ont fait la mesme chose dans leur Version, qui porte : *I'auray soin que mesme apres mon départ vous puissiez toûjours vous remettre ces choses en memoire.* C'est ce qu'ils ne devoient pas faire ; parce qu'outre qu'ils nous desarment, nous enlevant un passage dont tant d'excellens hommes se sont servis, pour prouver contre l'heresie le soin que les Saints ont de nous apres leur mort ; ils retombent encore dans leur faute ordinaire, en prenant l'explication des Interpretes pour le texte, & en limitant le sens. Car la premiere version contient aussi celuy de la seconde, je veux dire, qu'on se souviendra de ces choses apres sa mort : mais la seconde ne comprend pas celuy de la premiere, à sçavoir, que saint Pierre aura soin de nous apres sa mort, comme le dit saint Chrysostome. Et ce qu'il y a d'agreable, est qu'on s'est contenté de mettre à la marge, *l. v. apres ma mort*, qui est un changement peu considerable, qu'on ne devoit pas pourtant avoir fait, pour la profonde veneration que ces Messieurs disent qu'ils ont pour la Vulgate : Et l'on n'a rien mis de l'autre, qui est l'essentiel, & celuy dont on se plaint le plus. C'est à quoy la réponse ne satisfait pas, en prouvant inutilement que le départ se prend pour la mort, & produisant sur l'autre poinct les sentimens des Interpretes, qui ont plus respecté le texte qu'ils n'ont fait,

puisque ces sçavans hommes l'ont laissé comme il est dans le Latin, & mesme dans le Grec, & le Grec de saint Chrysostome. Car de dire avec Estius qu'il pourroit bien estre que ce Sermon ne fut pas tout de ce saint Pere, parce qu'il ne cite pas tout le passage comme il est dans saint Pierre; outre que c'est declarer qu'on ne s'entend gueres en style, c'est assurément encore rendre inutiles & incertains tous les ouvrages des saints Peres : parce qu'il leur arrive assez souvent, particulierement dans les Homelies & les Sermons, de rapporter le sens des paroles, sans s'attacher aux mots. Et celuy d'ἄφιξις que ce Pere employe, signifie autant l'ἔξοδον du Grec, & l'*obitum* du Latin, pour dire la mort, que celuy de *départ*, que les Traducteurs ont mis dans leur version : Et ce *vestri memoriam facere*, τὴν ὑμετέραν μνήμην ποιεῖσθαι, dont il s'est servy, est une parfaite explication de nostre *habere vos*. La conjecture donc de cet Interprete est trop foible. Ie souffre pourtant qu'on la mette dans un Commentaire : Mais de former au hazard le texte de l'Ecriture sur une pareille incertitude, c'est ce qu'on ne doit pas souffrir.

DIX-SEPTIEME PASSAGE.

Colos. 1. v. 24. *Adimpleo ea quæ desunt passionum Christi in carne meâ, pro corpore ejus quod est Ecclesia.* On reproche à ceux de Geneve d'avoir traduit : *I'accomplis le reste des afflictions de* CHRIST *en ma chair pour son corps qui est l'Eglise.* Cela exprime bien ce qui reste à souffrir à IESUS-CHRIST dans ses membres qui travaillent & qui sont persecutez, comme saint Paul, pour le service de l'Eglise. C'est un fort bon sens; mais il ne dit pas tout. Il falloit traduire ὑστερήματα comme le Latin, *ea quæ desunt, ce qui manque*, pour exprimer encore par ce manquement l'application des souffrances, & du sang du Fils de Dieu, par les œuvres satisfactoires, pour les vivans & pour les morts. Car c'est cela qui à proprement parler manque aux pecheurs. Ce qui reste à souffrir à IESUS-CHRIST dans ses membres, qui sont les Saints souffrans & travaillans pour le bien de l'Eglise, n'exprime pas ce manquement que Geneve ne connoist point, ny par consequent le Thresor des Indulgences, ny le Purgatoire. Voila donc ce qu'on luy reproche; & ce reproche tombe sur Messieurs de Mons, sans que je veuille penetrer dans leur intention. Car ils ont mis : *Moy qui accomplis dans ma chair ce qui reste à souffrir à* IESUS-CHRIST, *en souffrant moy-mesme pour son corps qui est l'Eglise :* Et à la marge, *l. des souffrances de*, c'est à dire, *ce qui reste des souffrances de* IESUS-CHRIST : Au lieu que Geneve, certainement un peu plus sincere & moins criminelle en ce poinct, ayant mis pour texte, *le reste des afflictions de* CHRIST, met à la marge comme la Vulgate, *ou ce qui defaut aux afflictions de* CHRIST. Car c'est ainsi qu'il y a dans la Bible de Geneve 1605. chez Mathieu Berjon.

Au reste, qu'on ait reproché aux heretiques ces falsifications, l'Apologiste l'apprendra, s'il luy plaist, des plus habiles Controversistes; & il le pourra voir dans la Geneve plagiaire de l'illustre Pere Coton, quoy qu'il ne trouve pas trop bon que le P. M. luy ait donné ce petit Eloge, que ce grand homme a si bien merité pour sa doctrine & pour sa vertu. Ce Censeur chagrin doit pourtant sçavoir que cet illustre Pere produit ces passages falsifiez dans sa Geneve plagiaire, & qu'il en fait voir clairement & doctement la corruption, comme celle de beaucoup d'autres de mesme nature, que le Pere Maimbourg a fort bien repris, & que j'épargne pourtant aux Traducteurs, pour venir plûtost à quelque chose de plus delicat en cette matiere, & qui est encore plus particulierement de l'esprit & du genie de ces Messieurs.

SEPTIEME CHEF D'ACCUSATION.

On les accuse donc en septième lieu d'avoir fait couler subtilement dans leur version le venin de la doctrine de Iansenius, soit en traduisant des passages d'une maniere qui la favorise, soit dans leur explication, ou mesme dans les titres. En voicy quelques exemples que j'ay remarquez outre ceux qui ont esté produits en Chaire par le P. M. afin de faire voir encore plus clairement cette importante verité.

DIX-HVITIEME PASSAGE.

Io. 10. v. 27. *Oves meæ vocem meam audiunt, & ego vitam æternam do eis, & non peribunt in æternum, & non rapiet eas quisquam de manu mea.* Mes brebis entendent ma voix: Ie leur donne la vie eternelle, & elles ne periront jamais; & personne ne les ravira d'entre mes mains.

Iansenius Evesque d'Ypre conformément à sa doctrine dit sur ce passage, que non seulement elles ne perissent point, mais encore qu'elles ne peuvent perir. Car selon luy, la grace qui leur est donnée, détruisant la liberté d'indifference, & imposant une insurmontable necessité d'agir: elle ne manque jamais de produire son effet, sans que celuy qui l'a receuë, puisse l'en empescher. Que s'il est dit immediatement apres: *Pater meus quod dedit mihi, majus omnibus est, & nemo potest rapere de manu Patris.* Ce que mon Pere m'a donné est plus grand que toutes choses, & nul ne les peut ravir de la main de mon Pere: Cela veut dire, selon l'interpretation commune des saints Peres, qu'il n'y a point de force ny sur la terre ny dans les Enfers, qui les puisse ravir à Dieu, si elles veulent s'attacher à luy, quoy qu'elles puissent s'en retirer, si elles veulent, par le mauvais usage de leur volonté: puis qu'il est de la foy qu'elles ont toûjours leur franc arbitre, & que la grace qu'elles ont, ne les fait point agir par necessité. Or c'est ce que Iansenius ne veut pas confesser, comme il paroist par la condamnation de la seconde, & de la troisiéme proposition tirée de son livre. Et c'est pourquoy expliquant ce passage, il dit qu'elles auront si assurément la vie eternelle, *sic eis dabitur vita æterna, ut ne quidem per proprium velle ab ea excidere possint*, qu'elles ne la peuvent perdre, non pas mesme par leur propre volonté: Et ainsi, selon luy, non seulement elles ne perissent point, comme dit l'Evangile, mais auſſi elles ne peuvent perir ; ce que l'Evangile ne dit pas. Et c'eſt pour cela que Meſſieurs les diſciples de Ianſenius, qui n'ont jamais voulu condamner la doctrine de leur maiſtre, ne trouvant pas lieu de la mettre dans le texte, qui eſt icy trop clair pour eſtre ſi viſiblement corrompu, ſe ſont aviſez par un artifice aſſez ſubtil de luy donner place dans le titre, d'où elle peut regler le ſens qu'ils veulent que l'on donne au texte ; Et voicy ce titre : *Brebis de* Iesus *entendent ſa voix , ne peuvent perir*: Et voila juſtement le terme avec la doctrine de leur maiſtre. Ioignez à cela qu'il y a deux infidelitez meſme dans le texte.

DIX-NEVFIE'ME PASSAGE.

Car au lieu de traduire, *ce que mon Pere m'a donné eſt plus grand que toutes choſes* , comme il y a dans la Vulgate, ce qui prouve admirablement ſelon les Peres ce que Iesus-Christ vient de dire, que perſonne ne les ravira d'entre ſes mains, puiſque l'eſtre qu'il tient de ſon Pere eſt par deſſus tout : Ils ont traduit ſelon le Grec vulgaire : *Mon Pere qui me les a données eſt plus grand que toutes choſes.* Et ils diſent à la marge qu'ils l'ont fait, parce que le ſens leur a paru plus naturel ; ſe faiſant ainſi les arbitres du vray texte, par une entrepriſe toute viſible ſur l'autorité de l'Egliſe, puiſque dans la correction Romaine on a marqué expreſſément ce texte, qu'on prefere à celuy de quelques Exemplaires Latins qui ont eſté tirez du Grec. Mais ces Meſſieurs corrigeant la correction de Rome, preferent celuy-cy à l'autre, & nous le donnent pour la vraye parole de Dieu.

Vingtiéme Paſſage. Ils font encore icy en deux endroits le meſme mépris de cette correction faite par l'autorité de l'Egliſe. Car au verſet 26. *Quia non eſtis ex ovibus meis.* Parce que vous n'eſtes pas de mes brebis. Il y a dans la correction de Rome, *Non ſubjicias ſicut dixi vobis, quamvis Græcè & Syriacè addatur.* N'ajoûtez pas ces termes, *comme je vous ay dit*, quoy qu'ils ſoient ajoûtez dans le Grec & dans le Syriacque. Ces Meſſieurs pourtant les y ont mis.

Vingt-uniéme Paſſage. Et au v. 3. *Suſtulerunt ergo lapides Iudæi.* Les Iuifs donc prirent des pierres : Elle dit, *Sicut non eſt omittenda conjunctio, ergo, ita nec addendum adverbium iterum.* Comme il ne faut pas omettre la conjonction, *donc*, auſſi ne faut-il pas ajoûter cet adverbe, *encore*; & pourtant ils l'ajoûtent, & le tranſportent du Grec dans le texte, au lieu de le mettre à la marge. Mais c'eſt un poinct fort peu conſiderable ; il eſt vray, mais auſſi qui fait voir une tres-grande hardieſſe en de petites choſes, & que l'on fait peu d'état de l'autorité de Rome, puis que non ſeulement on change, comme je l'ay montré dans le ſecond Chef, ce que les grandes & celebres aſſemblées qui ont travaillé par autorité de l'Egliſe à la correction Romaine ont reſpecté, mais que l'on rétablit encore dans le texte ce qu'elles declarent qu'il en faut oſter.

VINGT-DEVXIE'ME PASSAGE.

Le ſecond exemple que je produis eſt dans ſaint Iean 17. v. 20. *Non*

pro eis

pro eis autem rogo tantum, sed & pro eis qui credituri sunt per verbum eorum in me. Mais ce n'est pas seulement pour eux que je prie, c'est encore pour ceux qui doivent croire en moy par leur parole. On convient que le fils de Dieu apres avoir prié pour ses Disciples, prie icy pour toute l'Eglise, & pour tous les Chrestiens qui seront jusqu'à la fin du monde par toute la terre, & qu'il les avoit tous dans l'esprit. La glose ordinaire le marque, *de omnibus, & pro toto fideli populo*, pour tous & pour tout le peuple fidele, entre lesquels l'on ne peut douter qu'il n'y en ait plusieurs qui perissent. Iansenius ne veut point recevoir cette doctrine : Car comme il enseigne par la cinquiéme proposition condamnée, que IESUS-CHRIST n'est mort que pour le salut des seuls predestinez ; il veut aussi qu'il n'ait prié que pour le salut des Elûs. Ses fideles Disciples ne trouvant pas cela dans le texte de l'Evangile, pour consacrer autant qu'ils pourroient la doctrine de leur Maistre, l'ont fait entrer doucement dans le titre, afin qu'on crût en le lisant, que c'estoit là le sens & la pensée de IESUS-CHRIST. Car ils ont mis ces trois titres à ce Chapitre, le premier depuis le v. 1. jusqu'au 6. *Iesus prie pour sa glorification.* Le second, depuis le v. 6. jusqu'au 20. *Iesus prie pour le salut des Apostres.* Et le troisiéme, depuis le v. 20. jusqu'à la fin. *Iesus prie pour le salut de tous les Elus.* Et l'on remarque, qu'ayant mis icy pour le salut de tous les Elus, ils n'ont pas voulu souffrir ce terme de, *tous*, dans le second, où il y a seulement *pour le salut des Apostres*, de peur qu'on ne s'imaginast que le Sauveur du monde, qui selon leur Maistre n'est point mort pour Iudas, eut jamais prié pour ce miserable. Voila leur artifice dans les titres. En voicy un autre dans leur explication.

Lyran.

VINGT-TROISIE'ME PASSAGE.

Iob v. 44. *Nemo potest venire ad me, nisi pater qui misit me traxerit illum.* Personne ne peut venir à moy, si mon Pere qui m'a envoyé ne le tire ; par un attrait interieur, auquel neantmoins on peut resister, estant en nostre pouvoir de venir, ou de ne venir pas, comme l'enseignent si souvent les Peres & saint Aug. *lib. 2. cont. litt. Petil. c. 84.* Et le Concile de Sens le definit clairement en ces termes du Decret 15. *Neque tamen tanta gratiæ necessitas libero præjudicat arbitrio, cum illa semper sit in promptu, nec tale sit hujusmodi trahentis auxilium, cui resisti non possit.* Cette grande necessité que nous avons de la grace de Dieu (que saint Iean Chrysostome *hom. 45.* dit, que IESUS-CHRIST établit icy) ne donne aucune atteinte au franc arbitre de l'homme, veu qu'elle est toûjours preste, & que cette aide de Dieu qui nous tire, n'est pas de telle nature qu'on ne luy puisse resister ; de sorte que quand on luy resisteroit, on ne laisseroit pas pour cela d'estre attiré par la grace prevenante que Dieu opere dans nous, sans nous-mesmes. Ainsi cette aide de Dieu qui attire, comme il est exprimé par ces paroles, comprend generalement la grace qui est commune à ceux qui viennent, & à ceux qui ne viennent pas : quoy

Quomodo attrahit si dimittit, ut quis quod voluerit eligat : & tamen utrumque verum est. Hoc nostrũ non tollit arbitrium, sed divino egere auxilio ostendit.

qu'elle se prenne tres-souvent pour la grace efficace, principalement par saint Augustin, eu égard à ce pouvoir particulier, par lequel, comme il dit, non seulement on peut venir, mais on vient en effet, quoy qu'on puisse toûjours ne venir pas. Voyez lá dessus les Theologiens, & principalement Ruis, l'un des plus sçavans dans la doctrine des Saints Peres, *de præd. disp. 28. sect.* 8. 9. 10.

Les Heretiques qui ne veulent point de cette liberté d'indifference, employent ce passage apres Calvin, pour établir la necessité de faire le bien par la grace, qu'ils tiennent toûjours efficace, & l'impossibilité de le faire, quand on n'accomplit pas un Commandement de Dieu, puis que l'on n'est pas attiré par cette grace. Iansenius qui est dans le mesme sentiment, se sert aussi de ce mesme passage, en l'expliquant de la seule grace efficace, qui selon luy, & comme il veut que l'entende saint Augustin, fait necessairement agir, sans qu'on luy puisse resister, & sans laquelle on ne peut rien. Nos Traducteurs qui n'ont pû luy donner ce sens par leur version, ont trouvé moyen de l'y faire venir adroitement, par cette explication qu'ils ont mise à la marge. *Par un attrait interieur, en luy faisant vouloir ce qu'il ne vouloit pas auparavant. Aug.* Cela est bon comme l'entend saint Augustin, mais il falloit ou laisser cette explication, ou y ajoûter l'autre. Car en ne mettant que celle-là, & en supprimant le reste, qui en est le correctif, on donne lieu au Lecteur de croire que c'est là tout le sens des paroles de IESUS-CHRIST; & qu'on ne peut venir à luy faisant une bonne action, & gardant les Commandemens de Dieu, que l'on n'ait la grace efficace qu'ils pretendent estre necessaire pour donner le pouvoir d'agir, & qu'en suite celuy qui manque d'en observer quelqu'un, n'ayant pas eu cette grace, se trouve aussi n'avoir pas eu le pouvoir de s'en acquiter. Il luy estoit donc impossible, ce qui retombe justement dans la premiere proposition condamnée de Iansenius. Voila comme ils détournent subtilement le texte au sens de leur Maistre, par une explication à la marge, au hazard de l'oster dans la seconde edition, mais aussi de la rétablir dans la troisiéme. Voicy maintenant comme ils font couler sa doctrine dans les passages mesme, qu'ils traduisent selon son sens.

VINGT-QUATRIE'ME PASSAGE.

Rom. 5. v. 6. Vt quid enim Christus cum adhuc infirmi essemus, secundùm tempus, pro impijs mortuus est? Car pourquoy IESUS-CHRIST, lors que nous estions encore infirmes, est il mort pour les impies, dans le temps destiné? Au lieu de cela ils traduisent, *Car pourquoy* IESUS-CHRIST *est-il mort dans le temps destiné de Dieu pour des méchans & des impies, comme nous, qui estions encore dans les langueurs du peché?* C'est ouvertement favoriser la doctrine de Iansenius dans la cinquiéme de ses Propositions condamnées. Car c'est restreindre le fruit de la mort de IESUS-CHRIST aux impies qui sont convertis, sans vouloir l'étendre sur tous. Il faloit mettre en general le mot *d'impies*, comme a fait saint

Paul, sans y ajouster, *comme nous*, qui le resserre, & luy oste son étenduë qui comprend tout, ce qu'il ne peut plus faire maintenant, par ce tour de restriction qu'on luy a donné. Car s'il est mort pour les impies, il est mort sans doute pour nous, qui estions des impies, & qui par la grace de Dieu nous sommes convertis. Mais il ne s'ensuit pas que s'il est mort pour des impies comme nous, il soit mort aussi pour d'autres impies, qui ne se sont pas convertis comme nous. Voila ce que le P. M. avoit dit, & c'est à quoy ce bon homme ne répond pas en ses trois pages, qu'il employe à prouver inutilement à son ordinaire par les Interpretes, ce dont il ne s'agit point, à sçavoir que selon ce passage il est mort pour nous. Et l'illustre Pere Coton a fort bien reproché aux heretiques cette mesme infidelité. La voicy encore portée plus loing.

VINGT-CINQUIEME PASSAGE.

1. Thess. 5. v. 9. Non posuit nos Deus in iram, sed in acquisitionem salutis, per dominum nostrum Jesum Christum, qui mortuus est pro nobis, ut sivè vigilemus, sivè dormiamus, simul cum illo vivamus. Propter quod consolamini invicem. Car Dieu ne nous a pas faits pour sa colere, mais pour acquerir le salut par nostre Seigneur IESUS-CHRIST qui est mort pour nous, afin que soit que nous veillions, soit que nous dormions, nous vivions avec luy.

Il est certain par les principes indubitables de la foy, que Dieu ne nous a pas faits pour nous perdre, mais pour nous sauver, & qu'en suite il ne nous a pas *ordonnez* (puis que l'on use de ce terme) ni *destinez* pour la damnation, mais pour le salut, par cette volonté sincere & veritable, par laquelle il veut que tous les hommes soient sauvez, quoy que tous pourtant ne soient pas predestinez; parce que la predestination enferme une volonté plus particuliere, qu'il ne s'agit pas maintenant d'expliquer. De sorte que tous ceux qui sont ordonnez & destinez de Dieu en cette maniere pour le salut, ne sont pas pour cela predestinez. Or il est manifeste que l'Apostre parle icy de cette volonté generale qui s'étend sur tous, & qui comprend non seulement celle qui est pour les predestinez, mais aussi celle qui regarde ceux qui ne le sont pas; car outre qu'il y a peu d'apparence que tous ceux de Thessalonique ausquels il écrit fussent de ce nombre, bien loin de les consoler, comme il le pretend, ce seroit les inquieter étrangement. Car chacun pourroit dire, helas! que sçais-je moy, si je suis de ces bien-heureux predestinez, que Dieu a choisis pour leur faire acquerir le salut, & pour qui IESUS-CHRIST est mort; & en suite saint Paul ne parleroit de la mort du Sauveur du monde que pour le salut des predestinez. Et c'est là justement la doctrine condamnée de Iansenius, dans la cinquiéme Proposition, où il ne veut pas que le Fils de Dieu soit mort pour le salut de tout le monde.

Voicy maintenant l'infidelité de la traduction de ses Disciples qui favorisent sa doctrine, quand ils mettent, *Car Dieu ne nous a pas choisis pour estre les objets de sa colere, mais pour nous faire acquerir le sa-*

lut par noſtre Seigneur Iesus-Christ, *qui eſt mort pour nous.* Il y a dans le Grec auſſi bien que dans la Vulgate, ἔθετο *poſuit*, & non pas ἐξελέξατο *elegit*, a *choiſi*, comme dans l'Epiſtre aux Epheſiens ch. 1. v. 4. Et c'eſt reſtreindre encore icy la mort de Iesus-Christ, non ſeulement aux impies convertis (comme auparavant) mais aux ſeuls predeſtinés qu'il a choiſis pour leur faire acquerir le ſalut.

Tout ce que l'Apologiſte nous dit des Interpretes, qui trouvent icy la predeſtination, (qui en effet eſt enfermée, mais non pas ſeule, dans cette volonté generale dont parle ſaint Paul) eſt fort bon pour un Commentaire, & les mots *d'ordonnés* & de *deſtinés*, qu'il trouve dans les autres, ne diſent pas la meſme choſe que celuy de *choiſis*, qui attache icy la mort du Sauveur du monde au ſalut des ſeuls predeſtinez. Et voila le venin que le Pere Maimbourg a découvert en leur verſion, & non pas en ce qu'elle marque la predeſtination, que cet habile homme, dit que ce Pere a traité tres-indignement, en diſant que ce n'eſt qu'une *fadaiſe*, & qu'il l'a repeté meſme pluſieurs fois avec un extreme mépris. Etrange, & hardie, & peu vray ſemblable ſuppoſition! que tant de gens qui l'ont oüi, peuvent convaincre manifeſtement de fauſſeté, avec cent autres de cette nature. Ie connois meſme des gens du party qui ont deſavoüé leur Ecrivain, en avoüant franchement, & en gens d'honneur, que cette impoſture eſtoit tout à fait inſouſtenable. Et c'eſt pourtant là deſſus qu'on ſe jette à corps perdu dans des citations de Docteurs, de Peres, & de Conciles, qui ont parlé comme ils devoient du grand miſtere de la Predeſtination; qui certainement n'eſt pas une *fadaiſe*. L'invention eſt jolie, pour faire bien-toſt de gros livres à peu de frais; & pour avoir un beau pretexte de décharger ſa bile, en appellant ſon adverſaire, *Pelagien*, *Socinien*, *prophane*, *libertin*, *impie*, *athée*, & l'accablant de toutes ces autres injures, qui ſont les plus nobles expreſſions de ſon zele pour la predeſtination. L'occaſion luy paroiſt belle. Dieu le rende ſage. Allons plus avant.

VINGT-SIXIEME PASSAGE.

En la 2. aux Theſſ. ch. 2. v. 11. *Ideo mittet illis Deus operationem erroris, ut credant mendacio.* L'Apoſtre parle icy des illuſions & des faux miracles de l'Antechriſt, que Dieu envoyera ſur la fin du monde aux Iuifs, en punition de ce qu'ils s'obſtinent eternellement à ne point recevoir la verité. On convient de cela, & le P. Amelote l'a fort bien entendu, en mettant *les impoſtures de cet impie* dans ſa verſion. Car ces impoſtures ſont à proprement parler, cette operation d'erreur, qu'on lit dans le texte. Au lieu donc de traduire, il leur envoyra ces illuſions, où ces impoſtures qui les feront croire au menſonge; Meſſieurs de Mons ont mis, *Dieu leur envoyra un eſprit d'erreur ſi efficace, qu'ils croiront au menſonge.* La difference eſt trop grande & trop viſible. Ces impoſtures ſont exterieures à l'égard des Iuifs, puis que ce ſont ces faux miracles que l'Antechriſt fera, & dont ſaint Paul vient de parler. *Signis, & prodigijs mendacibus*; & l'eſprit d'erreur au contraire eſt tout interieur

interieur aux Iuifs, comme l'esprit de Vertige, l'esprit de mensonge, l'esprit d'assoupissement, dont l'Ecriture parle. De plus cet *efficace* que l'on y ajouste, fait un tres mauvais effet, & l'on ne trouvera jamais dans l'Ecriture que Dieu donne un esprit de Vertige, de mensonge, & d'assoupissement *efficace*. Ce mot estant mis icy par ces Messieurs les Traducteurs de Port-Royal, qui font profession publique d'estre disciples de Iansenius, y fait asseurément une fort méchante figure; Et l'on en peut tirer dans leurs principes des conclusions, qui font l'essence & tout le fin du Iansenisme. Car comme selon leur doctrine touchant la concupiscence victorieuse, & la grace efficace, on ne peut resister à la grace, qui est toûjours efficace, & qui ne peut jamais manquer d'avoir l'effet pour lequel elle est donnée; aussi les Iuifs ne pourront resister à cet esprit d'erreur si efficace qu'ils croiront au mensonge. Ils seront donc impies, & infideles par necessité, & ne pourront observer le Commandement de Dieu qui les oblige à croire. Par consequent, ils n'auront pas la grace necessaire pour pouvoir l'accomplir, & par ce moyen se sauver, d'où il faut necessairement conclure que le Sauveur du monde n'est pas mort pour leur salut.

Voila l'enchainement des Propositions condamnées de Iansenius, dans un seul passage traduit par ses disciples, qui ne veulent pas obeïr à l'Eglise, apres la condamnation solennelle qu'elle a faite de leur doctrine. Voila precisément ce qu'on a repris en cette Traduction, & non pas que l'on ait traduit un passage dont Calvin se sert pour appuyer son heresie, comme l'Apologiste veut qu'on l'ait reproché aux Traducteurs, de la maniere du monde la plus stupide, afin de pouvoir faire selon sa coustume, un beau lieu commun, & une grande amplification sur une chose qui n'est pas en question. Car on les accusoit seulement de l'avoir mal traduit, & d'une maniere qui favorise la doctrine condamnée de leur Maistre, & toute semblable à celle de Calvin. Il s'en faloit tenir à la Vulgate, dont l'Auteur qui entendoit admirablement le Grec, ne pouvoit mieux rendre ἐνέργεια πλάνης que par cet *operatio erroris* du Latin, qui signifie les faux miracles de l'Antechrist, ses illusions, & ses tromperies, par l'intervention, & par le ministere des Demons, ce qu'on ne pouvoit mieux exprimer que par ce terme Grec, & dans le mesme sens qui nous est donné par l'Interprete Latin; d'où vient que ceux dans lesquels le diable opere plus sensiblement, sont appellez energumenes.

Mais ces Traducteurs Iansenistes sont tellement entestez de leur *efficace*, qu'ils veulent mettre à tout usage; que presque par tout où ils trouvent *operor*, & *operatio*, ils mettent & ils ajoustent comme Geneve, *efficace*, *efficacement*. Comme *Eph. 3. v. 20. per virtutem quæ operatur in nobis*, par la puissance qui agit en nous *avec efficace*. *1. Theff. 2. v. 13. verbum Dei qui operatur in vobis qui credidistis*, qui opere *efficacement en vous*, icy, *operatio erroris*, esprit d'erreur *si efficace*, & en beaucoup d'autres endroits avec une étrange affectation. Et là dessus l'Apologiste dit que ses Traducteurs ont crû comme luy de bonne foy avec tout le monde, que ἐνέργεια signifioit *efficace*. Mais il devoit aussi sçavoir avec tout le monde intelligent, que la premiere signification de ce mot, c'est *actio*, *operatio*, comme celle de ἐνεργέω *operor*, *in opere sum*. Et celle de ἐνεργὸς *qui in opere est*, *actuosus*. *Agissant*. Ainsi, que quand ses Maistres ont trouvé dans la Vulgate, *operor operatio*, ils n'ont pas dû la corriger, en y ajoustant *efficace*, ou *efficacement*, qui n'y estoient pas necessaires. Mais il paroist assez par les faux accens qu'il donne à son Grec, que ce bon homme n'entend gueres mieux cette langue, que les Flamands ausquels on a demandé l'approbation de cette nouvelle Traduction, n'entendent le François.

Ie demande icy à tous ceux qui sçavent le secret du Iansenisme, s'il n'est pas vray qu'on en découvre aisémẽt le levain dans tous les endroits que je viens de remarquer, ausquels on en pourroit assurément ajoûter beaucoup d'autres. Ces Messieurs ne manquent jamais à l'occasion qu'ils trouvent de jetter les semences de leur doctrine, afin de la pouvoir fortifier par le témoignage de l'Ecriture. Ce point leur tient trop fort au cœur pour l'oublier en traduisant. Ce qui seroit surprise dans un autre, est un dessein caché dans un Traducteur Ianseniste, qui va toûjours à ses fins, & qui met tout en usage pour donner au but qu'il se propose. C'est pour
Luc. 2. cela qu'ils ont mis dans leur version, *& aux hommes cheris de Dieu*, & non pas, *& aux hommes de bonne volonté*; pour éloigner, autant qu'ils pourroient, la pensée de la cooperation libre de nostre volonté pour nostre salut: & pour reduire à Dieu seul cette grande affaire, sans qu'elle dépende de nous.

Vingt-septiéme passage. C'est pour cela même que dans ce beau passage de S. Paul, sur lequel on a voulu répondre, quoy qu'on ne l'ait pas objecté, ils n'ont pas voulu mettre comme la Vulgate: *Abundantiùs illis omnibus laboravi, non ego autem, sed gratia Dei mecum*. I'ay plus travaillé que tous les autres, non pas moy toutesfois, mais la grace de Dieu avec moy. Cela feroit trop aisément comprendre le concours de la liberté de l'homme avec la grace. Pour le détruire, ils y ont ajoûté, comme l'ayant tiré du Grec, ce mot qui change tout le sens: *Mais la grace de Dieu (qui est) avec moy*: quoy que, mesme selon le Grec, en l'accordant facilement avec la Vulgate, l'on eut pû traduire, *mais la grace de Dieu qui a travaillé avec moy*. Voila ce que le P. M. leur avoit épargné dans ce passage, qu'il eut pû leur reprocher; ce qu'il n'a pas fait, quoy qu'ils s'en soient plaints.

Vingt-huitiéme passage. Et pour leur rendre le change en leur opposant un autre passage, dont on n'a point parlé, je dis que c'est encore pour la mesme fin qu'ils ont changé ces belles paroles de l'Apocalypse, dont on se sert pour montrer qu'on peut resister, & qu'en effet il y en a qui resistent à la grace. C'est au chap. 3. v. 20. où I.C. dit: *Ecce sto ad ostium, & pulso: si quis audierit vocem meam, & aperuerit mihi januam, intrabo ad illum*. Ie suis debout à la porte, & je frape: si quelqu'un entend ma voix & m'ouvre la porte, j'entreray chez luy. Cela fait voir que Dieu appelle, & frappe à la porte du cœur, &

fait instance par la grace, sans pourtant qu'on luy ouvre; puis qu'il attend, & qu'il asseure que si l'on ouvre, il entrera. On n'ouvre pas encore quand il frappe, & l'on ne consent pas: ce qui condamne la seconde proposition de Iansenius. Voila pourquoy ses disciples pour affoiblir cette preuve, ont changé en traduisant du present au futur: *Car je seray bientost à la porte, & je fraperay.* Qui vous donne cette licence de parler en termes de l'avenir de la grace qui est déja donnée, quand la porte n'est pas encore ouverte, & que par consequent on luy resiste? Est-ce le Grec? Quand cela seroit, vous seriez coupable de le suivre dans un point de cette importance, en abandonnant la Vulgate. Mais bien loin de cela, on y trouve le preterit, qui est encore bien plus fort contre vous. Car on y lit ἰδὸ ἕστηκα ἐπὶ τὴν θύραν, καὶ κρούω. I'ay esté à la porte, & je frappe. C'est donc cette resolution que vous avez prise de soûtenir toûjours opiniâtrement le Iansenisme, & nullement le Grec, qui vous oblige à changer ainsi la Vulgate.

HVITIE'ME CHEF D'ACCVSATION.

ET c'est icy qu'on a sujet de les accuser en huitiéme lieu, d'avoir tellement affecté de changer nostre texte, qu'en suivant toûjours cet exemple contagieux de Geneve, ils l'ont alteré tres-souvent, mesme contre la foy du Grec, en des endroits où il luy est parfaitement conforme.

Cela se peut voir manifestement dans les passages que je viens de produire dans ces derniers Chefs; mais je le veux montrer encore dans ces exemples qui ont esté proposez en chaire, outre plusieurs autres que l'on découvre tous les jours, quand on se veut donner la peine d'examiner avec soin, une traduction si peu fidele.

VINGT-NEVFIE'ME PASSAGE.

En saint Iean ch. 1. v. 1. 2. *Et verbum erat apud Deum*, dans le Grec πρὸς τὸν θεόν. Cette preposition signifie estre dedans, & tout ensemble avec. Ainsi estre *apud aliquem*, chez quelqu'un, c'est estre en sa maison; & comme Dieu n'a point d'autre maison que luy-mesme de toute eternité, dire que le Verbe est *apud Deum*, chez Dieu, (s'il nous estoit permis de parler ainsi,) ou devers Dieu, c'est dire assurément qu'il est dans Dieu. Or s'il est dans Dieu, il s'ensuit necessairement qu'il est avec Dieu; mais pour estre avec Dieu, il ne s'ensuit pas que l'on soit dans Dieu. Car les Arriens avoüoient que le Verbe estoit avec Dieu, & ils vouloient bien mesme qu'il y fust devant tous les siecles, & qu'il fust eternel; mais ils n'accordoient pas pour cela qu'il fust dans Dieu. Cette preposition donc *apud Deum*, πρὸς τὸν θεόν signifie l'un & l'autre, & que le Verbe est en Dieu, & qu'il est avec Dieu. Et c'est par là qu'on peut prouver, & la consubstantialité du Verbe, parce qu'il est en

Dieu; & sa distinction personnelle, parce qu'il n'y est pas comme un accident; mais qu'étant avec Dieu, il y est comme une personne distincte de la personne dont il est le Verbe. Puis donc que l'usage ne permet pas que pour bien exprimer cet *apud*, on dise, il est chez Dieu, il faut traduire, le Verbe estoit *dans Dieu*, & non pas *avec Dieu*; parce que cette expression, *dans Dieu*, signifie aussi *avec Dieu*, & qu'*avec Dieu*, n'exprime pas estre *dans Dieu*, & qu'*apud* comprend l'un & l'autre.

C'est ce qu'il y a de plus fort pour convaincre les Arriens par ce passage du commencement de l'Evangile de saint Iean. Les plus subtils d'entre-eux confessoient que le Verbe estoit devant tous les siecles, & mesme depuis une infinité de siecles, & consequemment eternel. Voila comme ils se démesloient de l'*In principio*, & qu'ils disoient dans le Credo, *Et ex Patre natum ante omnia sæcula.* Ils ne faisoient point de difficulté de dire qu'il estoit vrayment Dieu, né du vray Dieu, *Deus perfectus, de Deo perfecto*, comme estant la vive & parfaite image de celuy dont il estoit le Fils unique. C'est ainsi qu'ils vouloient entendre, *Et Deus erat Verbum*; & voila justement *Deum verum de Deo vero.* Mais de treize ou quatorze differentes professions de Foy qu'ils ont faites en moins de vingt ans, en tant de Conciliabules, il n'y en a pas une où ils ayent voulu dire qu'il estoit dans la substance de Dieu mesme, & par consequent consubstantiel ὁμοούσιος. Ils n'ont jamais voulu passer cela, mais seulement qu'il estoit *avec Dieu*, comme ils entendoient le πρὸς τὸν θεὸν *apud Deum*, le limitant à cette seule preposition *avec* καὶ εἰς ἕνα υἱὸν τοῦ θεοῦ μονογενῆ πρὸ πάντων αἰώνων ὑπάρχοντα, καὶ συνόντα τῷ γεγεννηκότι. *Nous croyons en un seul Fils de Dieu qui est avant tous les siecles, & qui est* avec *son Pere qui l'a produit*, disent les Arriens dans le Conciliabule d'Antioche, où ils s'estoient assemblez pour y celebrer la Dedicace de l'Eglise que le grand Constantin avoit fait bâtir. Et c'est en cela que consiste principalement l'erreur de cette subtile heresie, que l'Evangeliste détruit par ces termes πρὸς τὸν θεὸν, *apud Deum*, pour exprimer que non seulement il est *avec Dieu*, & tout semblable à luy, mais aussi en luy-mesme, & consequemment sa propre substance; puis que Dieu estant infiniment simple, il n'y a rien dans luy qui ne soit luy-mesme.

Conciliab. Antioch. apud Athan. lib. de Synod.

Conciliab. Antioch. an. Ch. 341.

Qu'on lise apres cela, si l'on en veut prendre la peine, les six pages que l'Apologiste remplit de citations inutiles, on n'y trouvera que ce que je dis, à sçavoir que l'*apud* exprime cette preposition *avec*, pour montrer la distinction personnelle du Verbe, il est vray; mais il enferme encore l'autre qui fait voir la consubstantialité, ce que cet homme ne veut pas. Et pour le convaincre de cette verité, aussi bien que de sa mauvaise foy: il ne faut que voir les Auteurs qu'il cite. Il produit le Cardinal Tolet, qui dit que selon saint Hilaire & saint Basile, cet *apud* signifie que le Verbe est toûjours avec Dieu, & que par là l'on voit sa distinction personnelle. Cela est tres-vray, mais il ſupprime ce que ce ſçavant Cardinal dit avant cela dans ſon Commentaire, où expliquant ce que ſignifie cet *apud*, il dit, *Rurſus Verbum hoc non eſſe extra Deum ſicut ſunt creaturæ, ſed INTRA ipſum, & IN ipſo. Præterea non eſſe in Deo quaſi accidens aliquod quod non per ſe ſubſiſtit. Verbum enim hoc erat perſona ſubſiſtens ſicut & Deus, cujus verbum erat, ab eo tamen diſtincta: propter hæc omnia dictum eſt, Verbum erat apud Deum.* Cela fait voir auſſi que le Verbe n'eſt pas hors de Dieu, mais qu'il eſt en luy. De plus, qu'il n'y eſt pas comme un accident qui ne ſubſiſte point de luy-meſme, car le Verbe eſt une perſonne ſubſiſtante, comme Dieu meſme, dont il eſt le Verbe, mais une perſonne qui en eſt diſtincte. Et pour tout cela il eſt dit, le Verbe eſtoit *apud Deum.* Y a-t-il rien de plus fort pour confondre vn homme? Il y a plus, c'eſt qu'immediatement apres les paroles que l'Apologiſte cite pour luy, & qui ſont *hæc Hilarius, qui ſignificat ideo Verbum dici apud Deum, quia cum Deo ſemper eſt & permanet*; ce Cardinal ajoûte ce que celuy-cy nous dérobe, & ce qui fait le poinct deciſif de noſtre conteſtation. *Secundò dum apud Deum dicitur, ſignificatur non eſſe Verbum hoc ſicut Verbum quod loquutus eſt Deus ad Prophetas, de quibus ſæpè dicitur audite Verbum Domini. Hoc enim extra Dei ſubſtantiam eſt & creatum quid, finem & principium habens. At Verbum illud apud Deum eſt, id eſt, INTRA Dei ſubſtantiam, & ipſamet ipſius natura. Ob id, apud Deum erat. Ita, Epiphan. hæreſ. 91.* Secondement, quand on dit qu'il eſt *apud Deum.* Cela nous fait entendre que le Verbe n'eſt pas comme la parole que Dieu adreſſe à ſes Prophetes, dont il eſt dit ſouvent dans l'Ecriture; Ecoutez la parole de Dieu. Car cette parole eſt hors de la ſubſtance de Dieu, & quelque choſe de creé, qui a fin & commencement. Mais ce Verbe eſt *apud Deum*, c'eſt à dire dans la ſubſtance de Dieu meſme, & ſa propre nature. Et pour cela l'on dit *apud Deum*, c'eſt ainſi que parle ſaint Epiphane en l'hereſ. 91. N'eſt-ce pas ſe joüer de ſes Lecteurs, que de rapporter un Autheur comme il a fait? Où eſt l'honneur, la probité, la bonne foy? Vn homme oſeroit-il encore apres cela ſe montrer dans le monde? Et y a-t-il d'aſſez ſombres retraites dans le Port-Royal pour ſe cacher, apres avoir eſté convaincu d'une ſi laſche & ſi inſigne fauſſeté?

C'eſt ainſi qu'il allegue Salmeron *l.* 2. traité 5. en produiſant un long paſſage, où ce docte Interprete explique ce que ſignifient ces mots, *apud Deum*, la ſubſtance, & la ſubſiſtance du Verbe, ſa diſtinction perſonnelle, &c. Cela eſt fort bon. Mais il ne faloit pas ſupprimer ce dont il s'agit, & que cet Auteur dit immediatement devant au meſme endroit, *Ioannes ait & Verbum erat apud Deum juxa illud, Dominus poſſedit me in initio viarum ſuarum. Erat ergo ab æterno intimum, & pretioſiſſimum Verbum apud patrem ſuum, ſive IN patre ſuo.* Saint Iean dit, & le Verbe eſtoit *apud Deum*, ſelon ce paſſage, le Seigneur m'a poſſedé dés le commencement de ſes voyes. Ce Verbe donc tres intime, & infiniment precieux, estoit de toute eternité, *Apud Patrem suum*, c'est à dire dans son Pere. Ces deux Interpretes disent-ils donc que cet, *apud*, ne signifie, qu'*avec?* comme l'Apologiste le veut faire croire, en supprimant honteusement ce qu'ils disent d'essentiel, sur ce dont il s'agissoit entre luy & nous. Cet homme a-t-il crû que personne ne liroit jamais ces Auteurs que dans ses infideles écrits? & qu'ainsi l'on ne pourroit s'appercevoir d'un artifice si grossier, & si peu digne d'un homme d'honneur.

Mais puis qu'il debute si magnifiquement par saint Hilaire au l. 2. de la Trinité, où pour montrer contre l'objection qu'on luy fait, que le Verbe n'est pas une parole, & une pensée comme la nostre, qui n'est qu'un simple accident; il répond que selon l'Evangeliste, il est, *apud Deum*, ce qui signifie qu'il y est, non pas comme un accident en son sujet, mais comme une pensée substantielle & subsistante avec luy, & consequemment comme une personne distincte; ce qui est tres-vray: que n'ajouste-t-il que le mesme saint Pere dit au mesme endroit, que pour montrer aussi qu'il ne s'ensuit pas de cela qu'il y ait plus d'un Dieu, apres avoir dit, *Et le Verbe estoit Dieu*, (ce que les Arriens expliquoient d'une divinité participée, & par analogie) l'Evangeliste repete aussi-tost, *Hoc erat in principio apud Deum*, pour faire entendre qu'il n'est qu'une mesme chose avec luy. Puis donc que selon les saints Peres & les Docteurs, *apud Deum*, signifie que le Verbe est en Dieu, comme la mesme substance, contre les Arriens, & qu'il est avec luy, comme une personne distincte, contre les Sabelliens; il le faut rendre par un terme qui comprenne l'un & l'autre, ce que ne fait pas celuy, *d'avec*. Car pour estre avec Dieu, il ne s'ensuit pas que l'on soit en Dieu, mais ce qui est dans Dieu, devers Dieu, ou chez Dieu, (si l'usage le pouvoit souffrir) est aussi avec Dieu. Voila ce que l'on a dit. Et c'est à quoy l'Apologiste n'a pas répondu, & ne répondra sans doute jamais.

S'il a si mal reüssi sur un poinct qui luy a semblé le plus fort pour luy, & où il croit avoir si grand avantage, qu'il ne peut s'empécher de se donner à soy-mesme mille loüanges: que fera-ce du reste? où il y a tant de foiblesse, que l'on n'y trouve rien qui soit capable de nous arrester.

TRENTIE'ME PASSAGE.

Dans les trois Evangelistes, saint Matth. 26. saint Marc 14. & saint Iean 12. il y a, *Semper pauperes habetis vobiscum, me autem non semper habetis*, dans le Grec par tout ἔχετε, au present. Car vous avez toûjours des pauvres parmy vous, mais pour moy, vous ne m'avez pas toûjours. Beaucoup d'exemplaires Latins avoient aussi, *Me autem non semper habebitis*, & la Correction Romaine sur l'Evangile de saint Marc, dit qu'il ne faut point de ce futur, & qu'on doit lire, *Me autem non semper habetis*. Et tout le monde sçait que les Heretiques s'en sont servis contre la presence réelle de nostre Seigneur au saint Sacrement. Messieurs de Mons n'ont pas laissé neantmoins de le mettre par tout, en traduiſant dans les trois Evangeliſtes, *Vous ne m'aurez pas toûjours*. Voila dequoy on les reprend. A quoy ſervent donc maintenant ces 5. ou 6. pages remplies d'inutiles citations de ceux dont les exemplaires avoient, *habebitis*, & des Interpretes qui diſent ce qu'il leur ſemble ſur le ſens qu'ils donnent, & à ce futur, & à ce preſent ? Ce n'eſt pas dequoy il eſt queſtion, mais il s'agit de répondre preciſément, & de nous dire, ſi l'on a pû contre l'autorité ſi manifeſte de l'Egliſe, remettre, du moins dans ſaint Marc, ce futur au lieu du preſent, contre le Grec, & le Latin. Et quoy qu'on réponde aiſément aux Heretiques, devoient-ils leur donner ces armes qu'ils ne trouvent pas en effet dans le vray texte? Car touchant ce qu'il fait dire au P. M. que des Miniſtres de Poictou nous attaquent par nous-meſmes, il ne l'a point dit à l'occaſion de ce paſſage ſeulement, mais encore de tout le Nouveau Teſtament falſifié, dont ils ſe ſerviroient contre nous avec avantage, s'il eſtoit receu parmy nous.

TRENTE-UNIEME PASSAGE.

Ie puis dire le meſme de ce paſſage de ſaint Luc ch. 1. v. 3. où il declare qu'il veut écrire par ordre les choſes qu'il a appriſes de ceux qui les ont veuës : *Viſum eſt mihi diligenter ex ordine tibi ſcribere*, dans le Grec, καθεξῆς. Quand les heretiques combattent la preſence reelle de noſtre Seigneur en l'Euchariſtie, ſur ce qu'apres la Conſecration il dit à ſes Apoſtres, ſelon ſaint Matthieu, qu'il ne boiroit plus de ce fruit de la vigne ; quoy qu'on puiſſe faire d'autres réponſes à cela, on leur répond pourtant fort à propos qu'il faut expliquer ſaint Matthieu par ſaint Luc, qui fait profeſſion de dire les choſes par ordre, & qui rapporte ces paroles avant la conſecration. Pourquoy ces Traducteurs nous oſtent-ils cette défenſe en oſtant du texte cette parole ſi eſſentielle, qui s'y trouve ſelon le Grec & le Latin ; & en ſe contentant de mettre : *I'ay crû qu'apres avoir eſté exactement informé de toutes ces choſes, je devois auſſi vous en repreſenter par écrit toute la ſuite*. Tous les Hiſtoriens pretendent bien mettre par écrit toute la ſuite des choſes ; & tous les Evangeliſtes l'ont fait; mais tous ne font pas profeſſion, comme ſaint Luc, de la repreſenter en obſervant l'ordre des temps. A quoy ſert maintenant cette longue liſte d'Autheurs, qui diſent que ſaint Luc n'a pas toûjours gardé l'ordre des temps ? I'en tombe d'accord ; mais ceux meſme qu'il cite, comme le Cardinal Tolet, Menochius, Rubus, Becille, & Ianſenius d'Ypre, ne diſent-ils pas qu'il l'a gardé dans les choſes principales ? Or il n'y en a point qui ſoit de plus grande importance que l'Inſtitution du ſaint Sacrement de l'Autel. C'eſt donc en cette matiere qu'il l'a particulierement obſervé, ce que ſaint Matthieu n'a pas fait. Ainſi cette parole eſt de grand uſage, pour expliquer ce paſſage quand un Miniſtre nous l'oppoſe. Et quand elle ne le ſeroit pas, un Traducteur n'a pas dû prendre la liberté de l'oſter de ſa place, pour luy en ſubſtituer une autre, qui ne dit pas preciſément ce qu'elle exprime.

TRENTE-DEUXIEME PASSAGE.

Aux R. ch. 1. v. 8. *Fides vestra annuntiatur in universo mundo*: Vostre foy est annoncée dans tout le monde. Le Grec porte, καταγγέλλεται. Et saint Jean Chrysostome qui entendoit parfaitement la langue, appuyant sur cette parole, & dévelopant toute l'étenduë de sa signification en l'homel. 2. dit qu'elle fait entendre non seulement que la foy par laquelle ils ont crû à la predication des Apostres est celebre par tout le monde; mais aussi que la croyance des Romains est annoncée par toute la terre, sans qu'il soit permis d'y rien ajoûter, ny d'en rien oster. Ce qu'il montre par la proprieté de ce verbe, qui vient d'ἄγγελος, un messager. Car comme un Messager, dit-il, ne parle pas de luy-mesme, mais dit simplement les choses qu'on luy a dites, sans y rien changer: ainsi les Messagers de Dieu, qui sont les Evesques, & leurs Predicateurs, annoncent dans tout le monde la foy des Romains, sans y rien ajoûter, ni en rien diminuer. Et c'est aussi de là que les Peres & les Docteurs ont pris occasion de dire de si belles choses de la foy de l'Eglise Romaine, comme l'Apologiste pourra voir quand il luy plaira, non seulement dans ceux qui ont traité des Controverses, mais dans les Autheurs mesmes qu'il cite, comme dans Cornelius. Et s'il eut eu les yeux libres pour voir nettement les choses, sans le déguisement que leur donne la passion, il ne luy faloit que la belle remarque du Pere Amelote qu'il produit, & qui contient l'excellent passage de saint Cyprien, *Ep. 55. ad Cornel. Ij sunt Romani quorum fides Apostolo predicante laudata est, ad quos perfidia habere non potest accessum.* Ne voit-il pas que la foy des Romains est loüée, parce que l'infidelité n'en sçauroit approcher pour la corrompre? Et c'est pour cela que la foy de Rome est annoncée par tout le monde.

Voila les deux sens que ce mot qui est, non pas equivoque, comme dit l'Apologiste, mais plûtost fecond, enferme dans son étenduë. Et les Traducteurs de Mons, bien loin de choisir quelque terme qui fist concevoir le second, n'ont fait que toucher le premier d'une maniere foible & languissante, en traduisant, *(on parle de vostre foy dans tout le monde)* l'on y parle bien aussi d'autres choses; il ne s'ensuit pas de là qu'on l'annonce, & qu'on la presche par toute la terre, ce que la version du P. Amelote fait assez entendre, comme il paroist par son passage de saint Cyprien.

Au reste ce que l'Apologiste suppose icy au Pere Maimbourg, selon sa coustume, & ce qu'il dit en suite là dessus, en s'égarant à plaisir sur ce qu'il luy impose, n'a point du tout de rapport à ce qu'il avoit dit de la qualité de Romaine, qu'on doit ajoûter à celle de Catholique, & Apostolique, quand on parle de la vraye Eglise. Ce qu'il prouva, non pas par ce passage, comme il le pretend, mais seulement à son occasion, employant pour cela des preuves tirées de l'antiquité, qu'il seroit inutile de repeter; & il fit voir en suite que ces Messieurs de la nouvelle secte ne veulent point de cette qualité de Romaine, & le long

long enchaisnement des moyens dont ils se sont servis jusques à present pour la détruire. Tant de gens d'honneur & de qualité qui sont venus à ses Sermons de tous les quartiers de Paris, sont autant de témoins irreprochables, qui peuvent convaincre de fausseté ce galant homme, dans ce qu'il luy fait dire si souvent comme il luy plaist, pour avoir dequoy se répandre en lieux communs & en injures. Et ils seront étonnez s'ils lisent jamais son libelle, de voir que l'on prenne si hardiment la liberté de mentir sans scrupule, sans art, & sans esprit, & sans aucune apparence de verité. Mais il y a long-temps qu'on dit que c'est la maniere des Iansenistes, & qu'elle est passée en proverbe. Il s'y faut donc accoustumer.

TRENTE-TROISIE'ME PASSAGE.

En saint Iacques ch. 5. v. 14. *Infirmatur quis in vobis, inducat Presbyteros Ecclesiæ, & orent super eum ungentes eum oleo, in nomine Domini :* Quelqu'un est-il malade parmy vous, qu'il appelle les Prestres de l'Eglise & qu'ils prient sur luy, l'oignant d'huile au nom du Seigneur. Il y a dans le Grec ἐπ' αὐτὸν, *super eum.* On a reproché à ceux de Geneve entre-autres falsifications de ce passage, d'avoir traduit *qu'ils prient pour luy,* au lieu de *sur luy.* Et cela, à l'imitation de Calvin & de Beze, qui l'ont fait contre le Grec & le Latin, pour détruire autant qu'ils pourroient le Sacrement de l'Extreme-Onction, en ruinant sa forme, qui consiste en cette priere, qui est Sacerdotale & Sacramentele, & qui se fait sur le malade present ; & non pas seulement pour luy, comme celle des assistans, qui se peut faire aussi bien pour un absent. Et c'est pour cela que saint Iacques dit *super eum,* & non pas *pro eo,* comme le remarquent les Interpretes, & mesme le Docteur Estius, qui pour appuyer cette verité produit le témoignage de saint Augustin, li. 3. du Baptesme ch. 16. où il dit, *Manus impositionem non aliud esse, quam orationem super hominem.* Que l'imposition des mains n'est autre chose que la priere sur quelqu'un. Il faloit traduire, *& qu'ils prient sur luy.* Qu'on voye comme le Cardinal Pallavicin exposant la doctrine du Concile en ses propres termes sur l'Extreme-Onction, a traduit ce passage. *Invochi i Preti della Chiesa, e preghino sopra di lui.* Ne pouvoit-il pas dire en bon Italien, *e preghino per lui?* Ouy sans doute, mais il s'est bien gardé de le faire, parce que s'agissant de ce que le Concile declare sur un Sacrement par les paroles de l'Ecriture, il les faloit traduire exactement. *Ist. del. Conc. l. 12. c. 10.*

Cependant Messieurs de Louvain, qui font profession de corriger les fautes de Geneve, ont laissé échaper celle-cy, comme beaucoup d'autres, dont on a fait une liste imprimée. Ie ne dis pas qu'ils ayent eu la mesme intention que ces Heretiques, Dieu m'en garde, je ne le dis pas mesme de Messieurs les Traducteurs de Mons; mais je dis que ceux-cy ayant si souvent corrigé la traduction de Louvain en tant d'endroits, où elle est contraire à Geneve, pour la reformer sur un si beau modele; ils l'ont suivie en celuy-cy, comme en quelques autres, où elle luy est conforme, afin d'avoir l'avantage de ressembler le plus qu'ils pourront à un original qui a tant de charmes pour eux.

L'Apologiste se croit invincible en cet endroit, & tient le Pere Maimbourg pour perdu, quand il l'attaque avec une grande multitude de Rituels, & d'Instructions, & de Manuels, dont il pretend l'accabler tout à coup. Mais outre que les Rituels, & toutes ces sortes de Livres qui se font pour l'instruction des Chrestiens, ne sont pas une exacte traduction de l'Ecriture; ce bon-Homme l'attaque si aveuglément & avec tant de chaleur, qu'il ne sent pas qu'il se blesse luy-mesme par ses propres armes, & qu'il se détruit; lors que dez le commencement de sa réponse, il dit que l'on changera ce passage dans les autres editions, & que l'ordre qui en avoit esté donné, ayant esté mal executé par les Imprimeurs, pour y remedier, on a fait mettre cette correction dans l'errata. Que deviendront apres cela ces pauvres Rituels? ces Instructions & ces Manuels? & tous ces autres Traducteurs qu'il nous oppose? puis qu'en corrigeant cette faute, il demeure d'accord qu'on les peut aussi corriger. Ils n'ont donc pas ce qui doit estre dans une fidele Traduction, sans que l'on puisse dire pour cela qu'ils en veulent au Sacrement de l'Extreme-Onction. Et c'est-là justement ce que l'on reprend dans ces Traducteurs, qui se sont donné la liberté de quitter le Grec & le Latin, ou pour appuyer un dessein caché, ou mesme de gayeté de cœur, pour écrire plus galamment; en dut-il couster quelque chose au S. Esprit, par la perte de ses expressions, qui leur ont semblé n'estre pas du bel usage. Vn habile Docteur & qui écrit fort poliment, nous en a fourny d'assez belles preuves dans sa Lettre à un de ses Amys. Le P. Maimbourg nous en a produit quelques-unes dans ses Sermons, selon l'occasion: comme le *cheval* que ces Traducteurs si delicats ont trouvé bon de prester au Samaritain, au lieu de *l'asne* que le Syriacque luy donne. Cela leur a semblé trop bas. Car pour le *jumentum* de la Vulgate, & le κτῆνος du Grec, qui signifie une beste propre à tirer, ou à porter: ils ne s'en sont jamais pû accommoder. Ne trouvant pas qu'il fust du bel air de Traduire, *Et imponens illum in jumentum suum*, & le mettant sur sa monture: ils se sont enfin resolus de le mettre à cheval; quoy que ny le Latin, ny le Grec de l'Evangile ne leur en ayent donné aucun pouvoir.

Trente-quatriéme Passage.

Luc. 10.

I'avouë que de pareilles fautes qu'on pourroit appeller badineries, quand il y a de l'affectation, ce qu'on remarque tres-souvent dans leur Traduction, les ont tournez eux-mesmes en ridicules; & qu'on ne peut s'empescher d'en avoir pitié, en riant doucement de leur foiblesse. C'est pour cela peut-estre qu'ils ont dit avec tant d'affectation, qu'on alloit au Sermon du P. M. comme à la Comedie. Mais c'estoit eux assurément qui la faisoient, lors que s'estant dispersez partout l'Auditoire, en plusieurs pelotons, ils attendoient le mot pour rire. Et n'ayant pas l'esprit de le trouver, quand à l'exemple des Saints Peres on le disoit pour abatre leur orgueil, ils faisoient à contre-temps, & de concert, des éclats de rire, que les Catholiques bien plus forts qu'eux reprimoient bien-tost, pour entendre comme on faisoit dans un profond silence, les choses solides & convainquantes qui les faisoient desesperer. Cet artifice est trop grossier, il n'y a plus que les dupes des Ianseniſtes qui donnent dans ce paneau là. On entend trop souvent depuis plus de vingt ans le P. Maimbourg pour y estre attrapé. L'Evangile qu'il presche, & qu'il explique, & qu'il develope dans toutes ses parties, d'une maniere si solide, & si fort appuyée des Saints Peres, & qu'il donnera bien-tost au public; fait assez voir qu'il n'y a rien de plus Chrestien, ni de plus serieux que ses Sermons, quoy qu'il plaise toûjours. Ceux qui l'ont oüi en tombent d'accord, & si quelqu'un qui ne l'a jamais entendu veut estre informé de son style, il le pourra connoistre par le mien. Car pour avoir esté fort assidu à ses Sermons, j'ay tellement pris sa maniere & son genie, que je l'imite naturellement sans peine, & que j'écris à peu prés comme il parle. C'est encore inutilement qu'ils ont voulu le faire passer pour un emporté. Il ne luy est jamais échappé dans tous ses Sermons une seule injure contre eux. Il les traitoit toûjours de *ces Messieurs*, ou de *Messieurs les Traducteurs de Mons*, si ce n'est que pour abreger, il disoit quelquefois, *les Montanistes*.

De tout ce que nous avons remarqué dans cet ouvrage, il faut conclure que ces Messieurs ont esté trop temeraires d'avoir osé changer comme il leur a plû le texte de l'Eglise, sans aucune regle certaine, que celle de leur beau raisonnement & de leur goust, pour nous donner une nouvelle Ecriture de leur façon, tantost selon le Grec contre le Latin, tantost selon le Latin contre le Grec, & assez souvent contre l'un & l'autre. Ils ont crû se mettre à couvert en disant que du moins il n'y a rien en leur version qui choque la foy, & que cela suffit pour estre suffisamment conforme à la Vulgate, que l'on declare seulement n'avoir rien de contraire à la foy. Car c'est ainsi qu'ils abusent du nom & de l'authorité du Cardinal Pallavicin dans leur Preface par. 2. nomb. 10. où ils disent que plusieurs Theologiens Catholiques soûtiennent, comme l'avoüe mesme ce Cardinal, que le Concile de Trente, en declarant la Vulgate authentique, n'a voulu dire autre chose, sinon qu'elle ne contenoit rien contre la foy. Et cependant ce Cardinal dit clairement, que l'on peut suivre l'opinion de ces Theologiens qui interpretent avec moins de rigueur le Decret du saint Concile, se fondant sur ce qu'il appelle simplement nostre version authentique. *Il che viene à statuir ch'ella è senza errori appartenenti alla fede ed' a' costumi; e di più, ch'ella non contiene ò fraude, ò aperta difformità, nè pur minima dal testo, ò contradizione; ne' quali casi non sarebbe autentica, nè meritevole che la Chiesa l'accettasse.* Ce qui declare qu'elle est sans erreur contre la foy ou les bonnes mœurs (ils ont supprimé le reste) & de plus, qu'elle ne contient aucune tromperie, ny aucune manifeste difference, non pas mesme la plus petite, d'avec le texte, ny aucune contradiction: car alors elle ne seroit pas autentique, & ne meriteroit point que l'Eglise la receut.

L. 6. cap. 17. n. 9.

N'est-ce pas là une manifeste & une honteuse fausseté de ces Traducteurs, qui prennent plaisir à tromper leurs Lecteurs, dans un livre où ils font profession de leur presenter l'Evangile, qui est la mesme verité. Et parce que l'Apologiste s'en rapporte à deux sçavans Interpretes Iesuites, qui sont Serarius, & Bonfrerius, rapportez aussi par le Cardinal Pallavicin, voyons ce que dit sur cela Bonfrerius, qui a écrit depuis Serarius, qu'il cite aussi dans son ouvrage. Apres avoir dit que ce terme *d'autentique*, signifie *nihil in ea versione contineri quod fidei repugnet vel bonis moribus, vel ex quo perniciosus aliquis error nasci possit*, qu'il n'y a rien dans cette version qui soit contraire à la foy & aux bonnes mœurs, & d'où il puisse naistre quelque pernicieuse erreur : Il ajoûte qu'il croit que ce mot ne signifie pas seulement cela, *verùm etiam nihil in eà esse quod apertè falsitatis vel contradictionis alicujus possit revinci, etiam si ad fidem vel mores nihil pertineat*; mais aussi qu'il n'y a rien qu'on puisse manifestement convaincre de fausseté & de contradiction, quoy que cela ne regarde ny la foy ny les mœurs. Et c'est pourquoy le mesme Autheur ajoûte qu'en qualité d'authentique elle s'accorde avec la vraye source : *Authenticam decerni versionem nihil aliud est, quàm eam cum fonte & originariâ linguâ convenire*; & qu'en suite un ruisseau qui vient d'une source toute pure, doit estre preferé à une fontaine déja troublée & corrompuë, comme l'est nostre Grec vulgaire, selon mesme le Cardinal Pallavicin, qui produit pour cela le témoignage de Serarius. Qu'on juge maintenant si l'Apologiste est fort heureux, & fort fidele à citer pour soy des Autheurs.

In Praloq. c. 15. sect. 3.

C'est ainsi encore que dans la seconde partie de son Libelle il tâche d'affoiblir, & de corrompre le passage de ce Cardinal : lors que rapportant ses propres paroles, par lesquelles il dit que le Concile declarant la Vulgate authentique, declare qu'elle n'est nullement differente de l'original, *nella sostanza*, ce bon Interprete les explique ainsi, qu'elle n'en est point differente dans les choses essentielles *à la foy*. Il ajoûte ces mots, comme si la substance des choses, ou les choses essentielles dans lesquelles la Vulgate ne peut differer du vray Grec, estoient seulement celles qui sont contre la foy, & qu'en suite elle pût estre differente de l'original en celles où il ne se trouve point d'erreur : ce que je viens de faire voir par les autheurs mesmes qu'il cite, ne pouvoir s'accorder avec le mot d'authentique. Le P. M. s'inscrivit en faux publiquement contre une si malicieuse addition, & fit voir clairement, que toutes ces choses essentielles, estoient toutes les choses d'importance, & qui faisoient un autre sens, soit qu'elles fussent, ou non, contre la foy. Car c'est en cela que consiste la verité d'une Traduction ; & si elle differoit en cela mesme de son original, elle seroit fausse, en faisant concevoir un sens tout autre que le sien dans quelque point considerable ; autrement on pourroit ajoûter à la Vulgate des histoires prophanes, sans qu'elle cessast d'estre authentique, sous pretexte que ces histoires ne contiennent point d'erreur contre la foy & les bonnes mœurs. Il n'est donc

donc pas necessaire de mettre une erreur, pour falsifier l'Ecriture. C'est assez qu'on la change, ou qu'on l'altere, en y faisant entrer ce qui n'est point dans le texte authentique, ou en luy enlevant ce qui s'y trouve. Ioint que cette raison, quand elle seroit recevable, ne pourroit servir à ces Messieurs, puis qu'il paroist assez par cet ouvrage, qu'ils ont fait couler dans leur version beaucoup de choses, qui tendent à favoriser, & à renouveller les heresies des Calvinistes, & des Iansenistes.

C'est le fruit qu'ils nous ont laissé de cette malheureuse liberté qu'ils ont prise d'abandonner la regle & la conduite de l'Eglise, pour suivre les égaremens de leur sens, qu'ils preferent à celuy de toute la terre. Ils se perdent dans ces pensées avantageuses, & dans ces magnifiques sentimens qu'ils ont conçeus d'eux-mesmes. Ils sont éblouïs de l'éclat de leur propre lumiere. Ils s'admirent eux-mesmes, & se regardent comme les uniques arbitres de la Foy, & de la regle mesme de la Foy. On a veu depuis tant d'années, au scandale de toute la Chrestienté, qu'ils se sont mocquez de l'authorité de l'Eglise, pour soûtenir opiniâtrement une doctrine qu'elle a condamnée; & pour dire avec insolence qu'elle se trompe, en pensant voir ce qui n'est pas, & en ne voyant point du tout, ce que l'on doit voir. Cela fait horreur à tous les Chrétiens. Mais nous voyons aujourd'huy que par un attentat encore bien plus criminel, ils luy veulent ravir son auguste qualité de Iuge des Controverses de la Foy, & de la vraye parole de Dieu, en mesme temps qu'ils osent l'usurper : puis qu'ils ne veulent point de l'Ecriture que l'Eglise nous donne, & qu'ils pretendent nous en donner une qu'ils se sont formée sur l'Original qu'on garde à Geneve.

Voila l'abisme où l'orgueil & la vanité precipitẽt ceux qu'ils aveuglent. Il valoit bien mieux s'aveugler soy-mesme saintement, en renonçant aux fausses lumieres de son propre sens, pour suivre celles de l'Eglise, & pour voir par ses yeux. Il faloit écouter S. Paul, qu'ils entendent si mal, quand il leur dit, *Non plus sapere quàm oportet sapere, sed sapere ad sobrietatem*, qu'ils ne soient pas plus sages qu'ils ne doivent, mais qu'ils le soient avec moderation, c'est à dire, comme l'entend saint Augustin, qu'ils se soûmettent par la foy à la doctrine & aux sentimens de l'Eglise, qui ne veut pas que nous en sçachions plus qu'elle sur les articles, & sur le principe & le fondement de la Foy. Ou bien comme ils ont mis dans la traduction de ce passage, Qu'ils ne s'élevent pas au delà de ce qu'ils doivent dans les sentimens qu'ils ont d'eux-mesmes. A la verité c'est fort mal traduire, parce que c'est mettre, comme ils font ordinairement, une explication particuliere au lieu du texte, qui dit beaucoup plus que cela. Mais puis qu'elle leur plaist si fort, nous ne ferons pas mal de nous en servir, pour leur dire mot pour mot, ce qu'on lit dans leur infidele traduction. *Ie vous exhorte tous par la grace, qui m'a esté donnée, de ne vous point élever au delà de ce que vous devez dans les sentimens que vous avez de vous-mesmes.* C'est à dire, afin d'éviter tout ce grand détour de paroles inutiles, de ne pas tant faire

Rom. 12. 3.

Ep. 47.

Trente-cinquiéme Passage.

Q

ses suffisans, de n'estre pas si vains. Cet orgueil qui vous enfle, & qui vous enteste de cette haute estime qu'il vous plaist avoir de vous-mesmes, est la cause de toutes vos erreurs: parce que voulant plus sçavoir qu'il ne vous est permis, ce que l'Eglise détermine de la Foy, & de son Principe ne vous satisfait pas, & vous voulez que vostre sens particulier soit aujourd'huy la regle generale de la foy des Chrestiens.
Num. 16. *Multùm erigimini filij Levi*: Vous vous élevez un peu trop, Messieurs les Ecclesiastiques, & les nouveaux Apostres & Prophetes de P. R. vous vous élevez trop dans les sentimens que vous avez de vous-mesmes, & Dieu aussi vous abaisse, en vous foudroyant par les Princes de son Eglise, & par ses Lieutenans sur terre, comme ces superbes qui s'éleverent contre le suprême Legislateur. Et plût à Dieu que cette humiliation vous pûst servir, pour vous humilier vous-mesmes volontairement par la penitence, en mesme temps qu'on vous abaisse, & qu'on vous humilie malgré vous par une tres-juste punition. Voila l'exhortation que j'emprunte d'eux, & qui leur pourra estre fort utile.

Au reste, il y a une infinité d'autres passages que je leur pourrois opposer, & qu'on peut reduire à quelqu'un de ces huit chefs. I'en ay en reserve suffisamment pour en faire un écrit bien plus ample que celuy-cy; & je sçay que de sçavans hommes en ont encore remarquez un beaucoup plus grand nombre. Ie n'ay fait que toucher legerement ceux que le P. Maimbourg a produits dans ses Sermons avec bien plus de force & d'eloquence, quand le sujet sur lequel il preschoit y faisoit entrer ces passages. On en produit tous les jours de nouveaux; & je ne doute pas qu'on n'en fasse voir bien-tost plusieurs autres. Car il ne faut qu'ouvrir le Livre, pour y découvrir des passages falsifiez, principalement de ceux qui détruisent la Vulgate, & de ces autres où ils prenent l'explication, la pensée, & la conjecture d'un homme, pour en former le texte: ce qui est nous ravir absolument la parole de Dieu. Ce peu qu'on a découvert icy, suffira pour justifier l'accusation que ces Messieurs voudroient bien affoiblir, en tâchant de la faire retomber sur le Pere Amelote; parce qu'ils croyent que le merite & le nom seul de cét Autheur les pourroit mettre à couvert. Mais c'est inutilement qu'ils employent cet artifice que l'on peut si facilement découvrir, s'il est vray que de toutes les fautes qu'on reprend icy dans leur ouvrage, il ne s'en trouve presque aucune dans celuy de ce sçavant homme. Et quand il luy seroit mesme échappé quelque chose à quoy l'on pourroit toucher, (cõme il avouë qu'il ne se peut que cela ne soit arrivé) sa Traduction ne laisseroit pas pourtant d'estre fort bonne; puisque le remede que l'on y pourroit apporter, seroit fort aisé, d'autant qu'il n'auroit pas manqué dans le principe, comme ceux de Mons, puis qu'il fait profession de bonne foy de suivre, comme il a fait presque par tout, tres-fidelemẽt la Vulgate; & qu'il a solidement prouvé dans ses doctes remarques, qu'elle estoit tres-conforme aux plus anciens exemplaires Grecs. Iusques-là mesme qu'il a justifié par ces anciens & venerables manuscrits nostre texte Latin de saint Matthieu, en cent trente-cinq lieux, où il est different du Grec vulgaire. Ce qui fait voir que l'entreprise qu'avoient faite les Traducteurs de Mons à l'imitation de ceux de Geneve; de reformer, comme ils font si souvent, nostre texte sur un original aussi defectueux que celuy-là, est non seulement temeraire, & contre l'authorité de l'Eglise, mais aussi tout à fait insoûtenable parmy les sçavans.

Apres tout, ce peu de fautes qui échappent toûjours à la diligence des particuliers, quelques sçavants & fideles qu'ils soient, montrent assez la verité de ce qu'on a dit en Chaire plus d'une fois, qu'une parfaite traduction de la Bible, si nous en devons esperer une en François, est une entreprise digne de la grandeur du Roy, dont l'ame si haute & si élevée, & si capable de tous les desseins les plus Heroïques, ne peut rien concevoir de plus propre à immortaliser son Nom; que de faire en France par son authorité Royale, & par sa magnificence, ce que Ptolomée Philadelphe fit dans son Royaume, pour la version des Septante.

Il me resteroit encore deux Chefs d'accusation, que le Pere Maimbourg a proposez quelquefois en ses Sermons. Le premier est touchant la Preface, qui certainement a bien de l'air de celle de Geneve, en nous alleguant les mesmes motifs qu'on a eu de faire cette traduction, & dont la pluspart ne sont point du tout approuvez de l'Eglise.

L'autre est de la mauvaise foy qu'on a fait paroistre dans l'impression, & dans le debit d'un Livre de cette nature, sans nom d'Autheur, & sans legitime Permission; & des voyes si peu raisonnables qu'on a prises pour obtenir en Flandre une pretenduë Approbation d'une traduction Françoise, & une permission subreptice de l'imprimer: afin de faire par un semblable artifice, qu'on receut insensiblement en France l'Ecriture Sainte, de la main de ceux qui se sont enfin declarez de Port-Royal, & que sa Majesté estant en son Conseil d'Estat par son Arrest du 22. Novembre 1667. declare solemnellement estre des personnes notoirement des-obeïssantes à l'Eglise. Mais parce que de fort habiles gens ont pris soin d'écrire sur ce sujet, pour faire valoir ces deux Chefs; & qu'ils ne regardent pas en particulier celuy dont j'ay entrepris la defense, comme les autres, que j'ay verifiés par les passages qu'il avoit produits en Chaire, je n'en diray pas d'avantage. J'avertis seulement en finissant cet Apologiste inconnu, que c'est pour accuser ses Maistres qu'on a pris la plume, & non pas pour luy répondre. Car je suis persuadé avec le Pere Maimbourg, qu'il ne faut pas se commettre avec un homme masqué, qui se donne la liberté de dire & de faire cent choses, à quoy il n'oseroit avoir pensé s'il avoit levé le masque. Et celuy-cy declare assez par ce torrent d'injures qu'il répand dans ses Ouvrages, qu'il pourroit bien ressembler à celuy dont on fit le portrait dans la Chaire, qui quelque bien paré qu'il fust, se trouva pourtant n'estre qu'un faquin. S'il veut que nous le prenions pour un autre, il faut necessairement qu'il change de maniere, & qu'il apprenne à écrire un peu plus juste, & beaucoup plus civilement, autrement, on le traitera de mépris. Et il est bon qu'il sçache, qu'un homme qui ne vient jamais au faict & au poinct de la question, qui contrefait le sçavant, & qui veut éblouïr les gens qui ne sont pas du mestier, en transcrivant tous les Interpretes qu'il a trouvez dans une grande Bibliotheque (ce qu'un petit écholier pourroit faire.) Vn homme qui s'égare eternellement en des lieux communs à perte de veuë, qui ne servent à rien qu'à faire voir aux intelligens sa foiblesse, & qui décharge enfin sans cesse sa mauvaise humeur & son chagrin par des injures; qu'un homme dis-je, qui n'a point d'autre methode, s'il ne se corrige, ne doit jamais attendre de réponse d'un honneste homme.

8. Fevrier 1668.

FIN.

Fautes à corriger.

DAns la Preface, page 2. ligne derniere l'Ecriturẽ *lisez* l'Ecriture. p. 5. l. 29. foudrogé *lis.* foudroyée. p. 8. l. 4. faite, *lis.* fait. Dans l'Ouvrage p. 9. l. 27. les plus anciens, *lis.* plus les Anciens. p. 13. l. 7. ces, *lis.* ses. p. 14. l. 16. gardé, *lis.* gardes. p. 36. l. 12. qu'on ne découvre, *lis.* qu'on en découvre. p. 42. l. 2. *καταγγέλλειτω lis. καταγγέλλει*. p. 49. l. 40. n'avoit, *lis.* avoit. p. 3. l. 32. *affligens*, lis. *affigens*. p. 12. l. 24. *omni*, lis. *omnia*.

www.ingramcontent.com/pod-product-compliance
Lightning Source LLC
LaVergne TN
LVHW010034230826
846091LV00005B/1688
* 9 7 8 2 0 1 9 9 5 0 8 7 3 *